Frühe Kindheit | Projektarbeit mit Kindern

Maria Weininger

Zirkus

Ideen für die Kita-Praxis

Mit Beiträgen von
Albrecht Nolting und Karin Scholz

Cornelsen

Weitere Bände aus der Reihe Projektarbeit mit Kindern:

Wasser • 978-3-589-24712-7
Sinne • 978-3-589-24715-8
Farbe • 978-3-589-24713-4
Körper • 978-3-589-24731-8
Im Wald • 978-3-589-24732-5
Jahreszeiten • 978-3-589-24733-2
Wiese • 978-3-589-24714-1
Wetter • 978-3-589-24753-0
Tiere in der Stadt • 978-3-589-24761-5
Erde, Steine, Sand • 978-3-589-24762-2
Rund ums Essen • 978-3-589-24754-7
Weihnachten • 978-3-589-24777-6

Bei Fragen und Anregungen wenden Sie sich bitte an unsere Berater:
Marketing, 14328 Berlin, Cornelsen Service Center, Servicetelefon 030 / 89 785 89 29

Weitere Informationen finden Sie im Internet unter
www.cornelsen.de/fruehe-kindheit

Die in diesem Werk angegebenen Internetadressen haben wir überprüft (Redaktionsschluss: 30.06.2012). Dennoch können wir nicht ausschließen, dass unter einer solchen Adresse inzwischen ein ganz anderer Inhalt angeboten wird.

Reihenkonzept & Redaktion: Renate Krapf, Weinheim; Sigrid Weber, Freiburg
Layout & Umschlaggestaltung: Claudia Adam Graphik-Design, Darmstadt
Satz: Ludger Stallmeister, Wuppertal
Illustrationen: Katharina Reichert-Scarborough, München
Titelfotografie: © Anne-Marie Moyon, fotolia.com

Bibliografische Information: Die Deutsche Bibliothek verzeichnet diese Publikation in der Deutschen Nationalbibliografie; detaillierte bibliografische Daten sind im Internet über http://www.dnb.de abrufbar.

1. Auflage 2012

© 2012 Cornelsen Verlag, Berlin

Das Werk und seine Teile sind urheberrechtlich geschützt. Jede Nutzung in anderen als den gesetzlich zugelassenen Fällen bedarf deshalb der vorherigen schriftlichen Einwilligung des Verlags. Hinweis zu den §§ 46, 52a UrhG: Weder das Werk noch seine Teile dürfen ohne eine solche Einwilligung eingescannt und in ein Netzwerk eingestellt oder sonst öffentlich zugänglich gemacht werden. Dies gilt auch für Intranets von Schulen und sonstigen Bildungseinrichtungen.

Druck und Bindung: orthdruk, Białystok, Polen

ISBN 978-3-589-24776-9

Inhalt gedruckt auf säurefreiem Papier aus nachhaltiger Forstwirtschaft.

Inhalt

Vorwort — 5

Der Zirkus ist in der Stadt — 6

Wie kam das Zirkuszelt hierher? — 6
Recherchieren: Dem Zirkusleben auf der Spur • Untersuchen & gestalten: Wie wird das Zirkuszelt aufgestellt?

Wo haben Zirkuskinder ihr Kinderzimmer? — 8
Erforschen & entdecken: Im Zirkus leben • Ideen sammeln: Zirkus von A bis Z

Der Zirkus in der Kita — 10
Planen & üben: Von der Idee bis zum Zirkusabend • Gestalten: Eintrittskarten und Clownschminke • Kochen: Popcorn

Vorhang auf, Manege frei — 12

Warum ist's ohne Vorhang nur halb so spannend? — 12
Gestalten: Zirkusvorhang • Sich inszenieren: „Meine Damen und Herren...!"

Nur keine Langeweile — 14
Beobachten: Kurze Weile, Langeweile • Darstellen: Theater ohne Worte

Alles am Clown ist komisch — 16
Malen & gestalten: Das ist mein Clown Pippo • Experimentieren: Clown sein ist schwäääär • Spielen: Clownerei

Im Zirkus gibt's was zum Staunen — 18

Wie wird man Akrobat? — 18
Bewegen: Übungen zur Auflockerung • Bewegen: Akrobaten im Kinderzirkus • Balancieren: Acht Kinder und ein Turm

Jeder kann jonglieren — 20
Koordinieren: Den Ball von links nach rechts • Inszenieren: Alles wirbelt durch die Luft • Gestalten: Kostüm für den Paradiesvogel

Wie funktioniert Zaubern? — 22
Spielen: Wahrsagerei • Spielen: Trickkunst • Experimentieren: Illusion mit Schwarzlicht

Der Zirkus in Kunst und Kultur   24

Musik im Zirkus   24
Musik erleben: Zaubern zum Säbeltanz • Musizieren: Zirkusmusik selbst gemacht • Das Original: „Der Zirkus" von George Seurat • Der Maler Georges Seurat • Die Fälschung: Welche Fehler haben sich eingeschlichen? • Kinderseite: Malen mit Oskar

Angebote und Lernerfahrungen nach Bildungsbereichen   29

Allgemeines zur Projektarbeit   30

Projektphasen
Elternkooperation und Projektarbeit

Vorwort

Seit jeher übt der Zirkus auf viele Menschen eine unwiderstehliche Faszination aus. Schon wenn die Zirkuswagen in die Stadt rollen, werden Sehnsüchte geweckt. Sehnsüchte nach Freiheit, nach dem Leben der Zirkusleute, die immer wieder an einem anderen Ort ihre Zelte aufschlagen und die Menschen mit ihren Künsten begeistern: Artisten in glitzernden Kostümen, die mit strahlendem Lächeln die waghalsigsten Sprünge auf dem Hochseil vollbringen, Clowns, die unsere Lachmuskeln bis zum Äußersten strapazieren und uns gleichzeitig Melancholie spüren lassen, Jongleure, die vier Arme und acht Hände zu haben scheinen, und Magier mit einer fast unheimlichen Aura, die Dinge verschwinden lassen und an den unmöglichsten Orten wieder zum Vorschein bringen.

Die Manege ist der Raum der Illusion schlechthin, der uns verzaubert und bezaubert und uns unserer alltäglichen reglementierten Welt entrückt. Dass hinter der Leichtigkeit der Akrobatik oder den Späßen der Clowns sehr viel und sehr harte Arbeit steckt, wird uns nur selten bewusst – und das ist auch so gewollt. Schließlich lebt der Zirkus von seinem illusionären Gehalt. Disziplin und Ordnung, Training und Dressur sind die Voraussetzung dafür, dass wir als Zuschauer ins Staunen und Träumen und Vergessen geraten können.

Auch Kinder lieben den Zirkus, nicht zuletzt deshalb, weil er mit seiner Magie, seinem geheimnisvollen Charakter und auch wegen seiner Komik ihren Träumen, Wünschen und Vorstellungen sehr entgegenkommt. Mit diesem Heft möchten wir Sie dazu einladen, mit Kindern ein Projekt zum Thema Zirkus zu gestalten. Und das heißt, möglichst viel über den Zirkus zu erfahren – am besten sogar vor Ort –, möglichst vieles selbst zu erleben, Kreativität zu entwickeln, künstlerische Gestaltungstechniken kennenzulernen und schöpferisch tätig zu werden.

Um den Zirkus für Kinder in all seinen Facetten erfahrbar zu machen, wird er aus ganz verschiedenen Blickwinkeln beleuchtet: Das fängt an bei Fragen, wie Zirkuskinder leben, wie man eine Manege gestaltet oder Spannung erzeugt und reicht bis zum Einstudieren von kleinen Nummern. Für jedes einzelne Thema bietet der Band Sachinformationen und ein breites Spektrum ausgewählter Aktivitäten. Die Infotexte liefern das Hintergrundwissen, mit dem Sie potenzielle Fragen der Kinder beantworten können.

Die ausgewählten Aktivitäten können Sie direkt in Ihrer anspruchsvollen Arbeit mit fünf- bis sechsjährigen Kindern einsetzen. Es können sich aber auch ganz andere Ideen und Projektrichtungen daraus ergeben, je nach Gruppenzusammensetzung und Interessenlage der Kinder. Bei der Zusammenstellung der Angebote wurde darauf geachtet, dass die Kinder auf allen Sinneskanälen angesprochen werden und sich das Thema aus unterschiedlichen Perspektiven erschließen können. Auf diese Weise kann sich das neu erworbene Wissen nachhaltiger verankern.

Eine Übersicht aller Angebote mit den jeweiligen Lernerfahrungen nach Bildungsbereichen finden Sie am Ende des Heftes. Dort bieten wir Ihnen auch einen Überblickstext zur Projektarbeit allgemein sowie im Hinblick auf die Kooperation mit den Eltern an.

Sicherlich vermag es dieser Band nicht, dem Facettenreichtum und der Komplexität des Zirkus gerecht zu werden. Wir hoffen jedoch, dass er zumindest eine Ahnung davon zu vermitteln vermag und wünschen Ihnen viel Freude mit den Projektideen.

Ihre Redaktion Frühe Kindheit

Der Zirkus ist in der Stadt

Wie kam das Zirkuszelt hierher?

© Circus Roncalli, www.roncalli.de

Gestern war der große Platz neben der Schule noch frei und heute steht hier ein großes, buntes Zelt mit einer Kuppel. Rundherum gibt es viele Wohnwagen und einen Zaun mit einem bunten Eingangsportal. Pferde grasen friedlich in einer kleinen Umzäunung und ein paar Männer verlegen Kabel. Der Zirkus ist in die Stadt gekommen.

Wer abends die Zirkusvorstellung besucht, wird in eine Welt voller Illusionen, Spannung und Exotik versetzt, und kaum einer denkt auf den Zuschauertribünen daran, dass sich hinter dem Spektakel ein ganz normaler Alltag verbirgt: Der Magier kocht sich mittags sein Essen, der Zirkusdirektor organisiert im Blaumann den Zeltaufbau, der Trapezkünstler plant neue Attraktionen und die Seiltänzerin übt mit ihren Kindern Lesen und Schreiben.

Wie viele Zirkusse es in Deutschland gibt, ist nicht genau bekannt, es sind aber weit mehr als 300. Übrigens: Deutschland, so sagt man, ist das Land mit den meisten Zirkussen in Europa. Es gibt die ganz großen, von denen jeder schon einmal gehört hat: Zirkus Knie, Zirkus Krone, Zirkus Renz und Zirkus Roncalli. Hier arbeiten und leben viele Artisten, Regisseure, Requisiteure und Köche für eine Saison zusammen, es ist ein Sammelbecken der Sprachen und Nationalitäten. Daneben gibt es kleine Familienbetriebe, die als Wanderzirkus „Alberti", „Bertoni" oder „Carlatti" durchs Land fahren und sich immer nur für ein paar Tage in einer Stadt niederlassen. In diesen kleinen Zirkussen muss jeder alles können, und jeder muss anpacken, auch die Kinder.

Der Name „Zirkus" oder „Circus" kommt aus dem antiken Griechenland. Dort war das Wort „Kirkos" die Bezeichnung für eine runde Arena, in der Wagenrennen stattfanden. Der Zirkus in der Form, wie wir ihn heute kennen, ist erst etwa 150 Jahre alt. Aber es gab schon vorher Pantomimen, Artisten, Magier, Gaukler und Pferdedresseure, die auf Jahrmärkten und Plätzen unter freiem Himmel die Menschen in Atem hielten, während die Kinder der Artisten mit einem Hut durch die Zuschauerreihen liefen und Geld sammelten.

In London gab es 1780 den ersten überdachten Zirkus, in dem es zunächst nur Pferdekunststücke zu sehen gab. Allmählich entwickelte sich das bunte Zelt mit der hohen Kuppel, der runden Manege und den Zuschauerrängen. Weitere Artisten kamen dazu wie Trapezkünstler, Magier, Dompteure, Jongleure, Gewichtheber, Seiltänzer und Feuerspucker, eine Zirkuskapelle, der Conférencier und nicht zuletzt der Clown.

Gemeinsam ist allen Zirkussen, dass sie eine Saison lang durchs Land reisen. Nur den Winter verbringen sie immer am gleichen Ort, in ihrem Winterquartier. Wer aber glaubt, dass die Zirkusleute dann Zeit zum Ausspannen hätten, täuscht sich. Dann müssen die Wagen neu gestrichen, Lederzeug geflickt und Zelte repariert werden, und vor allem müssen dann wieder neue Zirkusattraktionen einstudiert werden.

Wenn der Zirkus seine Zelte wieder abbricht und sich auf die Reise in die nächste Stadt macht, muss alles sehr ordentlich verpackt werden. Alles hat einen bestimmten Platz, damit man es am nächsten Ort auch sofort wieder findet. Und dann geht es los. Mit Traktoren, Sattelschleppern und großen Autos werden die Wohn-, Tier- und Materialwagen in einem Konvoi abtransportiert. Was waren das noch für aufregende Zeiten, als die Elefanten hintereinander durch die Stadt geführt wurden, bis zum nächsten Bahnhof, wo sie in einer großen Aktion in Waggons verladen wurden.

Der Zirkus ist in der Stadt

Recherchieren: Dem Zirkusleben auf der Spur

1 Der Zirkus ist in der Stadt und die Kinder planen einen Besuch in der Zirkusvorstellung. Zunächst tauschen sie sich im Kreis aus: Was wissen sie über den Zirkus? Es tauchen viele Fragen auf, die keiner beantworten kann: Wo waschen sich die Zirkusleute? Woher hat der Zirkus das Futter für die Tiere? Woher kommt der Strom für die Scheinwerfer? Wer hat das Zelt aufgebaut? Wie lange muss man üben, bis ein Zaubertrick sitzt? Ist der Trapezkünstler schon einmal vom Trapez gefallen?

2 Bevor die Kinder in die Zirkusvorstellung gehen, vereinbaren sie einen Besuch im Zirkus, um Antworten auf ihre Fragen zu bekommen. Mit Diktiergerät und Fotoapparat machen sie sich auf den Weg.

3 Die Kinder befragen die Zirkusleute und beobachten, was auf dem Zirkusgelände passiert: Womit sind die Zirkusleute beschäftigt? Welche Maschinen stehen herum, wofür braucht man sie? Was ist in der Manege los? Welche Tiere gibt es? Mit Fotoapparat und Diktiergerät wird alles festgehalten.

4 Zurück im Kindergarten bereiten die Kinder mit den Fotos eine kleine Ausstellung vor und berichten den anderen Kindern.

> **Lernerfahrung:** Zirkusleben genauer kennenlernen; erleben, dass der Zirkusalltag mit viel Arbeit verbunden ist; lernen, auf fremde Menschen zuzugehen und Fragen zu stellen
>
> **Anzahl der Kinder:** unbegrenzt
> **Material:** Fotoapparat, Diktiergerät
>
> *Veranstaltungstipp:* Auf diesen Datenbanken findet man Zirkusse, Gastspielorte und Termine:
> **www.circus-gastspiele.de** oder **www.circusdatenbank.info.**

Untersuchen & gestalten: Wie wird das Zirkuszelt aufgestellt?

1 Vielleicht haben die Kinder die Gelegenheit, beim Aufbau (und später auch beim Abbau) des Zirkuszelts dabei zu sein, wenn nicht, können sie sich auf einem Video informieren (→ Medientipp). Sie erfahren, dass dafür schwere Maschinen und eine raffinierte Technik nötig sind.

2 Die Kinder statten dem Zirkus einen Besuch ab. Während sich die einen auf dem Gelände umschauen und den Zirkusalltag beobachten, interviewen die anderen den Zirkusdirektor: Wer hat das Zirkuszelt aufgestellt? Wieso wird es bei Wind nicht umgeblasen? Wo ist das Zelt verstaut, wenn der Zirkus auf Reisen ist?

3 Die Kinder sehen sich danach das Zirkuszelt ganz genau an: Welche Farben hat es, welche Form? Sie befühlen das Material der Hülle und untersuchen, wie das Zelt konstruiert ist. Wie unterscheidet es sich von einem Campingzelt? Die Kinder vergleichen mitgebrachte Zeltnägel mit denen vom Zirkuszelt. Was fällt ihnen dabei auf? Wie sehen die Stützen aus, die das Zeltdach tragen, und wie die Seile, mit denen das Zelt fixiert ist?

4 Die Erzieherin hat im Internet Bilder von unterschiedlichen Zirkuszelten gefunden und ausgedruckt. Was haben die Zelte gemeinsam, worin unterscheiden sie sich? Können sich die Kinder noch erinnern, wie groß die Zeltnägel waren und wie kräftig die Zelthülle?

5 Die Kinder malen ein buntes Zirkuszelt. Dazu zeichnen sie erst einmal die Details mit Bleistift, die Flächen werden dann mit dem Pinsel bunt ausgemalt.

> **Lernerfahrung:** sich mit der Konstruktion eines Zeltes befassen
>
> **Anzahl der Kinder:** unbegrenzt
> **Material:** einige Zeltnägel (Zelt-Heringe) vom Campingzelt, Bilder von Zirkuszelten, Malpapier (DIN A3), Bleistift, feine und dicke Pinsel, Malerkittel, Unterlagen, Tempera-PUKS, Wasser

Medientipp: Wie beim Zirkus Soluna ein Zelt aufgebaut wird, können die Kinder in einem Zeitraffer-Video auf **Youtube** anschauen. Auch in der Kindersendung **Willi wills wissen. Was ist denn das für ein Zirkus?** geht's um das Zirkuszelt. Die Sendung gibt es als DVD zu kaufen.

Der Zirkus ist in der Stadt

Wo haben Zirkuskinder ihr Kinderzimmer?

In einem Familienzirkus aufzuwachsen, heißt für Kinder, mit Geschwistern und Eltern, Tanten, Onkeln und Großeltern, Cousins und Cousinen auf engstem Raum zu leben. Sie teilen in der Großfamilie alles miteinander: den Wohnwagen, das Essen und natürlich auch die Arbeit. Zirkuskind zu sein bedeutet, schon früh Verantwortung und auch Verpflichtungen zu übernehmen. Dazu gehört es, die Tiere zu pflegen, wie auch eine eigene Nummer einzustudieren.

Die Kinder sind ganz selbstverständlich dabei, wenn die Mama am Trapez schwingt, der Papa jongliert und wenn die Tante wilde Tiere dressiert. Sie probieren selbst aus, lernen, wo ihre Talente liegen, und irgendwann fangen auch sie an, konzentriert zu trainieren, Tag für Tag und mit großer Disziplin. Ganz selten kommt es vor, dass ein Familienzirkus Artisten von außen holen muss. Im Familienzirkus muss jeder alles können. Wer im Zirkus aufgewachsen ist, bleibt meistens auch dann noch dort, wenn er bereits erwachsen ist.

Anders ist es bei den großen Zirkussen. Dort werden für eine Saison Künstler, Requisiteure, Zeltmeister, Feuerwehrmänner, Handwerker, Tierpfleger, Regisseure, Köche, Lichtdesigner, Sekretärinnen und Musiker aus der ganzen Welt geholt. Und die bringen natürlich auch ihre Kinder mit. Da kommt es vor, dass Kinder mit ganz unterschiedlichen Muttersprachen einen Sommer lang zusammenleben. Für Zirkuskinder ist es darum ganz natürlich, sich in mehreren Sprachen zu verständigen.

In den Wohnwagen sieht es aus wie in ganz normalen Zimmern. Doch es ist eng und man muss mit dem Platz sparsam umgehen. Viele Spielsachen gibt es deshalb nicht. Aber das stört Zirkuskinder nicht, für sie „spielt" sich sowieso alles im Freien ab – und in der Manege. Größere Kinder haben einen Wohnwagen ganz für sich alleine, mit einem Stockbett, einem Schreibtisch und einem Regal mit Spielsachen.

Einen Kindergarten besuchen Zirkuskinder nicht, das ist auch nicht nötig, denn sie haben genug Spielkameraden um sich herum. In die Schule aber müssen auch Zirkuskinder gehen. Die großen Zirkusse haben dafür eigens Lehrer engagiert. Die Kinder in den kleinen Familienzirkussen werden von ihren Eltern unterrichtet. Sie haben ihre Stammschule dort, wo der Zirkus das Winterquartier hat, und von dort aus bekommen sie auch ihre Noten und Zeugnisse. Damit die Lehrer in der Stammschule wissen, was die Zirkuskinder schon gelernt haben, müssen sie ihre Hausaufgaben in die Schule schicken. Früher ging das etwas umständlich mit der Post, heute genügt ein Mausklick.

Seit es E-Mail und SMS gibt, haben es die Zirkuskinder auch leichter, Kontakt zu den Freunden zu halten, die nicht mit dem Zirkus mitreisen. Sie können nun das ganze Jahr über miteinander „quatschen", während sie sich früher nur einmal im Jahr für wenige Wochen gesehen haben. Manchmal besuchen Zirkuskinder auch die Schule in dem Ort, in dem sie gerade gastieren. Das ist aber nicht immer einfach, denn sie müssen sich immer wieder neu eingewöhnen und dann wieder Abschied nehmen.

Früher wurden Zirkusleute mancherorts nicht freundlich aufgenommen. Sie seien dumm, ungewaschen und würden klauen, so hieß es. Man war voller Vorurteile dem fahrenden Volk gegenüber. Wer aber einmal ein Zirkuskind persönlich kennengelernt hat, weiß, dass nichts davon stimmt. Zirkuskinder sind ganz normal, so normal wie du und ich. Nur dass sie vielleicht etwas geschickter sind, auf Händen laufen können und keine Angst vor großen Tieren haben.

Der Zirkus ist in der Stadt

Erforschen & entdecken: Im Zirkus leben

1 Die Kinder wollen wissen, wie es ist, als Kind im Zirkus zu leben. Sie überlegen gemeinsam: Wie stelle ich mir das Leben im Wohnwagen vor? Welche Spielsachen würde ich wählen, wenn ich mich für drei entscheiden müsste? Wie wäre es, jede Woche an einem anderen Ort zu sein?
2 Danach vereinbaren die Kinder einen Besuchstermin im Zirkus, um dort die Zirkuskinder zu besuchen. Sie haben viele Fragen vorbereitet. Um sie nicht zu vergessen, haben sie dazu kleine Bilder gemalt: Wo wohnen die Zirkuskinder? Womit spielen sie am liebsten? Wo leben sie im Winter? Ist es im Wohnwagen kalt? Sind die Zirkuskinder schon einmal in einer Vorstellung aufgetreten? Was machen sie in ihrer Freizeit?
3 Die Kindergartenkinder lassen sich von den Zirkuskindern erklären, wohin der Zirkus als nächstes reist und wo sie die Wintermonate verbringen werden. Dies wird auf einer Landkarte mit Punkten markiert. Die Erzieherin schreibt die Termine dazu. Danach ziehen die Kinder Linien mit Pfeilen von einem Ort zum anderen. So sehen sie genau, wo sie in den nächsten Monaten sein werden.
4 Von Zeit zu Zeit schauen die Kinder, wo sich ihre neuen Zirkusfreunde gerade aufhalten. Vielleicht schreiben sie ihnen auch einen Brief. Das heißt: Die Kinder diktieren, die Erzieherin schreibt. Nur ein Problem gibt es dabei: Welche Adresse gibt man an, damit der Brief auch wirklich bei den Zirkuskindern ankommt?

Weiterführung: Die Kinder bringen von ihrem Zuhause Fotos mit und vergleichen diese mit den Fotos, die sie im Zirkus gemacht haben.

Tipp: Kostenlose Länder-, Europa- und Weltkarten gibt es bei der Bundeszentrale für politische Bildung (*www.bpb.de*, Suchbegriffe „Publikationen" → „Karten").

Lernerfahrung: es gibt viele Formen des Zusammenlebens und viele Möglichkeiten, wie man wohnen kann

Anzahl der Kinder: unbegrenzt
Material: Landkarte, Stifte

Ideen sammeln: Zirkus von A bis Z

1 Die Kinder wollen einen eigenen Zirkus machen. Sie überlegen, was man dazu alles braucht. Danach bitten sie auch noch die Eltern, bei der Ideensammlung zu helfen. Auf DIN-A-4-Blättern hat die Erzieherin alle Buchstaben von A bis Z aufgemalt, auf jedem Blatt einen Buchstaben. Jedes Kind malt einen der Buchstaben bunt aus. Die Buchstaben werden nun vor dem Gruppenraum aufgehängt. Was fällt Kindern und Eltern zum Thema Zirkus ein (z. B. Akrobat, Beleuchtung, Conférencier usw.)? Alle Ideen werden zu den entsprechenden Buchstaben geschrieben. Die Erzieherin erklärt die unbekannten Begriffe.
2 Die Kinder haben nun viele Anregungen bekommen und überlegen gemeinsam, was sie davon ausprobieren wollen. Wenn sie noch nicht lesen können, malen sie kleine Bilder zu den Buchstaben und Begriffen. So bleibt ihnen alles in Erinnerung und sie können sich besser entscheiden.
3 Danach gehen die Kinder gemeinsam in die Leihbücherei und fragen dort die Mitarbeiter nach Büchern zum Thema „Zirkus". Vielleicht finden sie darin Ideen für Zaubertricks, akrobatische Übungen und Kostüme.

Lernerfahrung: was man alles braucht, um einen Kinderzirkus zu machen; aus einer Themenvielfalt eine Auswahl treffen; sich mit Buchstaben auseinandersetzen, Wortschatz erweitern

Anzahl der Kinder: unbegrenzt
Material: 26 Blätter Papier (DIN A 4), Stifte, Temperafarben, Zirkusbücher

Medientipps: *Doris Glasz (Hrsg.):* **Zirkus! Zirkus! Zirkus! Geschichten, Reportagen, Bilder,** *Beltz & Gelberg. Auf den Seiten von* **www.circus-soluna.de** *findet man Bastelvorschläge, Anregungen für Artistik, Spiele, Bilder und Eindrücke aus Zirkusprojekten.*

Der Zirkus ist in der Stadt

Der Zirkus in der Kita

Es gab Zeiten, da war das Zirkusleben verpönt oder gar suspekt. Das hat sich in den letzten Jahrzehnten geändert. Künstler, Pädagogen und auch Zirkusleute haben das hohe Potenzial erkannt, das der Zirkus für die Entwicklung von Kindern bietet. Die Liste der Zirkusprojekte ist mittlerweile lang und es gibt kaum eine Stadt in Deutschland, in der nicht schon einmal ein Kinderzirkusprojekt angeboten wurde.

Im Zirkusspiel nehmen Kinder sich selbst und ihre Stärken wahr, sie entwickeln Mut, kooperieren mit anderen, übernehmen Verantwortung und erhalten Möglichkeiten, sich auszudrücken. Sie meistern schwierige Herausforderungen und trainieren ihre Aufmerksamkeit, Geschicklichkeit und Reaktionsschnelle. All das kann im Zirkusprojekt erlernt werden, aber nur – und das ist das Besondere an der Zirkuspädagogik – wenn die Kinder einen eigenen Spielraum zum Ausprobieren, zum Planen und zum Üben erhalten. Nicht die Aufführung ist das eigentliche Ziel, sondern der Weg dorthin. Die Erzieherin ist lediglich Coach. Sie muss die richtigen Impulse zur rechten Zeit setzen und für geeignete Voraussetzungen sorgen. Es kann auch hilfreich sein, zur Unterstützung einen Zirkuspädagogen in die Kita zu holen.

Medientipp: Weitere Informationen gibt es auf den Seiten der Bundesgemeinschaft Zirkuspädagogik, **www.bag-zirkus.de**, und auf **www.zirkuspaedagogik.de**.

Planen & üben:
Von der Idee bis zum Zirkusabend

Lernerfahrung: sich verschiedene Fertigkeiten aneignen; Ausdauer trainieren; ein Ziel verfolgen; neue Techniken erlernen

Anzahl der Kinder: unbegrenzt

Die Kinder haben viele Ideen für den Zirkus gesammelt. Und nun wollen sie eine eigene Zirkusaufführung machen.

Ausprobieren: Der Kindergarten wird für mehrere Wochen zur Manege, und es gibt verschiedene Angebote wie „Zauberei", „Akrobatik", „Jonglieren", „Seiltanz und Balancieren", „Ansagen, Clownspiele und Pantomime". Jedes Angebot wird von einer Erzieherin begleitet. Sie macht eine Einführung und gibt Anregungen bzw. Hilfestellungen. Die Kinder können nun in verschiedenen Workshops nacheinander verschiedene Techniken ausprobieren. Dieser Prozess kann je nach Ausdauer bis zu zwei bis drei Wochen dauern. Bei manchen Aktionen brauchen die Kinder mehr Anregungen, wie bei Clownspielen, und auch mehr Hilfestellungen, wie bei Turnübungen, Jonglagen und Menschenpyramiden. Bei anderen Aktionen können die Kinder nach ein paar Tipps ganz alleine experimentieren, wie mit Tellerkreisen, Balancieren auf Rola Bola, Schwingen mit Poi und Gymnastikbändern, Schminken und Trommeln.

Planen & entscheiden: Die Kinder haben nun verschiedene Techniken kennengelernt und entscheiden, was sie bis zur großen Zirkusaufführung perfektionieren wollen. Von den Attraktionen in den Workshops werden die besten Nummern ausgewählt und es wird die Reihenfolge festgelegt. Dazu wird die passende Musik gesucht. Wichtig: Langsame und schnelle Aktionen wechseln sich ab und auch für die Umbauzeiten gibt es ein Unterhaltungsprogramm.
Üben: Nachdem sich jedes Kind für eine Aktion entschieden hat, wird geübt. Es zählt nicht die Perfektion, sondern einzig und alleine die Freude!
Requisiten organisieren: Diejenigen Kinder, die keine Nummern zeigen, basteln Kostüme, stellen die Musik zusammen, üben Trommelwirbel, machen Popcorn, gestalten Eintrittskarten, Kulissen usw.

Der Zirkus ist in der Stadt

Gestalten: Eintrittskarten und Clownschminke

1 Jeder Besucher des Kinderzirkus bekommt eine Eintrittskarte. Diese Eintrittskarten basteln die Kinder selbst:

Aus langen Papierstreifen (Breite 3,5 cm) werden der Länge nach immer wieder 8 cm abgemessen. An dieser Stelle ziehen die Kinder mithilfe eines Lineals einen Bleistiftstrich (im rechten Winkel zur Papierkante). Entlang dieser Markierung werden mit einer Prickelnadel Löcher gestanzt. Dazu werden die Streifen auf einen Druckfilz gelegt. Die Löcher sind die Perforierung zum Abreißen der Eintrittskarten. Die einzelnen Karten können noch mit dem Namen des Zirkus beschriftet oder mit einem Clownsgesicht bemalt werden.

Lernerfahrung: gestalterische Fertigkeiten erweitern; erleben, wie man Gäste wirkungsvoll empfangen kann

Anzahl der Kinder: unbegrenzt
Material: für die Eintrittskarten: weiße Tonpapierstreifen (Breite 3,5 cm, möglichst lang), Prickelnadeln, Druckfilz, Bleistift, Lineal, Buntstifte oder Filzstifte; für die Schminke: Babywundcreme, Wundpuder, Lebensmittelfarbe, Schälchen und Löffel zum Verrühren

2 Kinder können den Besuchern des Zirkus regelrecht ein Lächeln auf die Lippen „zaubern", nämlich dann, wenn sie ihnen einen roten Punkt auf die Nase malen. Am besten übernimmt diese Aufgabe der Clown. Dem verzeiht man seine Späße nämlich am ehesten. (Hinweis: Man sollte aber erst fragen, ob die Person einverstanden ist, denn manche Menschen reagieren auf Schminkfarben empfindlich.)

Die rote Schminke ist eines der wichtigsten Utensilien für den Clown. Man kann sie folgendermaßen herstellen: Die Kinder füllen den Inhalt einer Dose Babywundcreme in ein kleines Schälchen, geben evtl. noch etwas Babywundpuder dazu und rühren so viel rote Lebensmittelfarbe unter, bis ein kräftiger roter Farbton erreicht ist. Das Ganze wird gut verrührt und sollte einige Tage abgedeckt stehen bleiben oder einmal kurz in der Mikrowelle erwärmt werden (danach noch einmal gut verrühren).

Elternkooperation: Die Kinder werden bei ihrer Zirkusplanung auf Probleme stoßen, die sie nicht alleine bewältigen können, z.B. brauchen sie Erwachsene zum Aufbau der Kulisse, zur Beleuchtung oder zum Nähen von Kostümen. Sie machen an der Tür zu ihrem Gruppenraum einen Aushang für die Eltern.

Kochen: Popcorn

Im Kinderzirkus gibt es Popcorn zu kaufen, das die Kinder selbst zubereiten:
1 In einem breiten Topf wird Sonnenblumenöl erhitzt (auf mittlerer bis höherer Stufe). Dann wird so viel Popcornmais in den Topf gegeben, dass die Körner locker den Boden bedecken (Tipp: lieber etwas weniger nehmen). Nun muss der Deckel solange geschlossen bleiben, bis alle Körner aufgesprungen sind. Nach etwa zehn Sekunden hört man die ersten Körner gegen Deckel knallen. Wenn man den Topf immer wieder ein wenig ruckelt, geht's schneller. Man muss die richtige Temperatur finden: Ist sie zu niedrig, springt das Popcorn nicht auf, ist sie zu hoch, verbrennt es. Das fertige Popcorn wird mit Zucker oder Salz bestreut.
2 Dazu basteln die Kinder Tüten aus Butterbrotpapier (oder normalem Papier).

Lernerfahrung: erleben, wie Popcorn hergestellt wird

Anzahl der Kinder: unbegrenzt
Material: breiter Topf, Popcornmais, Sonnenblumenöl, Salz, Zucker; für die Tüten: quadratisches Butterbrotpapier, es geht auch normales Schreibpapier (ca. 30 x 30 cm)

Vorhang auf, Manege frei

Warum ist's ohne Vorhang nur halb so spannend?

Rot ist ein Symbol für Dramatik, Leidenschaft und Macht. Aus diesem Grund schmückten sich Könige am liebsten mit Rot und Gold. Die mächtige Symbolik von Rot haben sich auch die Zirkusleute zunutze gemacht. Ein roter, mit Gold besetzter Vorhang verbirgt eine Kostbarkeit und signalisiert: Aufgepasst, gleich passiert etwas Besonderes! Mit einem roten Vorhang versucht man also, die Spannung zu erhöhen. Allein schon die Art, wie der Vorhang geöffnet wird, ist von Bedeutung. Es kann sein, dass er theatralisch und unter Trommelwirbel aufgeschlagen wird. Es kann aber auch sein, dass der Clown einfach nur mit seinem Kopf durch den Vorhang hindurchspitzt.

Deshalb brauchen die Kinder für ihren Zirkus als Erstes einen roten Vorhang, am besten mit Gold besetzt. Den Hintergrund der Manege hingegen sollte man in Schwarz halten, denn Rot lenkt zu stark vom Geschehen ab. Vor dem schwarzen Hintergrund kommen außerdem bunte Farben besser zur Geltung.

Für Kinder sehr einfach zu handhaben und eine gute Alternative zum aufwändigen Vorhang sind zwei aufgespannte Sonnenschirme, die mit ein paar Quadratmetern roten Stoffes behängt werden. Damit ist den Zuschauern die Sicht auf die Vorbereitungen im „Backstage" verwehrt. Aus dem sichtgeschützten Sonnenschirm heraus betreten die Kinder die Manege.

Apropos „Manege": Sie ist, wie alle Kinder wissen, rund. Das Wort kommt aus dem Französischen und bedeutet „Reitschule". Pferdenummern waren in der Geburtsstunde des Zirkus nämlich die Hauptattraktion, und Pferde können an der Leine eben nur im Kreis laufen. Die runde Manege hat noch weitere Vorteile. Man hat von den Zuschauerrängen aus den Eindruck, mitten im Geschehen zu sein. Im echten Zirkus sind es bunt gestrichene Holzbande, die den Kreis bilden. Im Kinderzirkus wird die Manege durch umgedrehte Getränkekisten, Strohbündel oder Stühle begrenzt.

Die Zuschauer, die bereits im Kreis auf den Stühlen sitzen, müssen auf die Zirkusshow erst einmal eingestimmt werden, das gelingt am besten mit einer schwungvollen, schräg-fröhlichen Musik. Auch eine Tüte Popcorn kann den Zuschauern das Warten ein wenig verkürzen, bis es endlich heißt: Vorhang auf, Manege frei.

Tipp: Stative und Querstreben als Bühnengestelle gibt es ab 160 Euro, Bühnenstoffe in einer Größe von 3 x 3 Meter kosten ca. 50 Euro. Der schwarze Bühnenhintergrund eignet sich auch für Schwarzlichttheater (siehe auch Seite 23). Eine gute Alternative zum Bühnengestell ist eine lange Stange, die mit Schnüren an der Decke hängt. Darüber wird schwarzer Stoff gehängt.

Medientipp: Schön ist es, wenn beim Eintreten der Zuschauer in den Kinderzirkus ein Drehorgelspieler live spielen kann. Ersatzweise kann man eine CD mit Drehorgelmusik abspielen, z.B. **Lieber Leierkastenmann** (Audio CD Monopol, 2004). Weitere Informationen gibt es unter **www.drehorgelclub.de**

Gestalten: Zirkusvorhang

1 Die Kinder stellen zwei aufgespannte Sonnenschirme so auf, dass dazwischen etwa eineinhalb Meter frei bleiben. Nun befestigen sie mit Wäscheklammern an jedem Schirm große Bahnen roten Stoffes. Der Stoff reicht bis zum Boden und fast um den ganzen Sonnenschirm herum, nur hinten bleibt ein kleiner Eingang frei.

2 Die Sonnenschirme lassen sich auch noch mit einer bunten Girlande schmücken. Dazu braucht man in der Mitte der beiden Schirme einen Haken an der Decke. Daran werden zwei Girlanden befestigt, die in einem Bogen zu den Schirmspitzen und dann weiter nach rechts und links außen geführt werden.

3 Im Innenraum der Sonnenschirme können die Kinder, versteckt vor den Blicken der Zuschauer, ihre Utensilien lagern. Doch bitte nicht wie Kraut und Rüben durcheinander, sondern ordentlich und übersichtlich, denn eines ist klar: In der Manege mag es turbulent zugehen, aber hinter dem Vorhang bzw. hinter der Kulisse ist Ordnung oberstes Gesetz.

4 Wimpelgirlanden, die von der Decke herabhängen oder zwischen Bäume gespannt wurden, signalisieren den Besuchern schon von Weitem: Hier ist etwas los! Die Kinder basteln die Wimpel für die Girlande sehr einfach selbst. Aus Stoff oder Papier werden gleichschenklige Dreiecke ausgeschnitten (Länge: 30 cm, Breite oben: 19 cm). Sie werden an der breiten Seite über eine Schnur geklebt, genäht oder mit einem Bürohefter fixiert.

> **Lernerfahrung:** im Raum ein Zentrum schaffen, das die Blicke anzieht; Unterschied „vor" und „hinter" dem Vorhang erleben
>
> **Anzahl der Kinder:** unbegrenzt
> **Material:** 2 Sonnenschirme mit Ständern, Wäscheklammern, 2 rote Satinstoffe (2x2,5 Meter)

Sich inszenieren: „Meine Damen und Herren…!"

1 „Verehrtes Publikum, nun erleben sie den stärksten und mutigsten…" Ein bisschen Übertreibung ist beim Conférencier immer dabei, das haben die Kinder im Zirkus erlebt. Nun üben sie diese Ansage in verschiedenen Variationen: einmal langsam, einmal schnell, einmal laut, einmal leise, einmal mit tiefer, einmal mit hoher Stimme und einmal in einer anderen Sprache. Es gibt noch viele Variationen: ängstlich, großkotzig, schüchtern, zornig und singend.

2 Die Kinder machen die Ansage noch einmal, aber dieses Mal mit Utensilien: als Zirkusdirektor mit Zylinder, als Zauberkünstlerin im langen Kleid, als Clown mit einer zu großen Jacke. Der Zylinder z. B. wird mit einer eleganten Bewegung in Richtung Vorhang geschwungen: „Manege frei für…".

3 Zuletzt üben die Kinder verschiedene Arten der Verbeugung. Wie verbeugen sich Clown, Seiltänzerin, Zirkusdirektor, Gewichtheber, Artist, Magier? Gibt es dabei Unterschiede? Wie laufen sie um die Manege? (Es ist wichtig, immer ein wenig in der Bewegung zu übertreiben.) Das Ganze wird dann mit einer Kamera gefilmt. Kann man noch etwas besser machen?

4 Danach zeigen die Kinder vor Publikum, was sie können: sich verbeugen und eine Nummer ansagen. Dabei blicken sie immer zum Publikum und lächeln. Was fällt den Zuschauern auf? Was ist gut, was weniger gut?

5 Die Auftritte und die Verbeugungen können noch ein letztes Mal mit dem Spot und mit verschiedenen Musikstücken geübt werden. Die Kinder erfinden immer wieder neue Variationen.

> **Lernerfahrung:** mit Stimme und Bewegung experimentieren; verschiedene Ausdrucksformen in ihren Wirkungen erleben; im Mittelpunkt stehen
>
> **Anzahl der Kinder:** 6-8
> **Material:** Zylinder, Kostüme, Perücken, Zirkusmusik

Vorhang auf, Manege frei

Nur keine Langeweile

Gerade eben hat der Zirkusdirektor angekündigt: „Verährtes Publikum, waaas Sie nuuunn sähen, is' nix für schwache Närrrven!" Dann zieht er den Zylinder, verneigt sich langsam und verschwindet hinter dem Vorhang. Die Manege ist nun leer. Langweilig? Keineswegs. Der Raum verdunkelt sich, ein sanfter Trommelwirbel setzt ein, der sich steigert und steigert, bis er mit einem donnernden Paukenschlag endet. Stille. Genau in diesem Moment streckt der kleine Clown im Schein des Lichtkegels den Kopf durch den Vorhang und schreit fröhlich „Pause!"

Es braucht nicht viel, um Spannung zu erzeugen: eine verheißungsvolle Ankündigung, die in uns eine bestimmte Erwartung weckt; eine Musik, die uns erschaudern lässt; der Trommelwirbel, der die Spannung erhöht. Und im spannendsten Augenblick passiert etwas, womit man gar nicht gerechnet hätte. Wir empfinden eine Sache dann als spannend, wenn wir überrascht werden, wenn wir verblüfft sind und wenn wir ein wenig Nervenkitzel verspüren. Wir sind gefesselt, wenn sich schnell und langsam, laut und leise, vornehm und tollpatschig abwechseln.

Im Zirkus ist es dunkel, nur einer steht im Licht: der Artist. Was auch immer er tut, der Spot folgt ihm. Wer eine Zirkusveranstaltung plant, kann das natürlich überall machen, auch im Garten. Aber dann fehlt eine entscheidende Sache: die Dunkelheit. Das Rezept für spannenden Zirkus ist nämlich: Schauspiel, Attraktion, Musik und Licht.

Damit eine Zirkusaufführung zur Sensation wird, muss die Vorführung einen Spannungsbogen haben. Das beginnt beim Auftritt aller Artisten, reicht über den Umbau der Manege, die übrigens immer mit ein paar Einlagen des Clowns verkürzt werden sollte, und endet mit dem fulminanten Ende, bei dem jeder noch einmal richtig zeigt, was er „drauf hat". Aber auch die einzelnen Aufführungen haben einen Spannungsbogen: Der beste Trick, die höchste Pyramide und die schnellste Jonglage kommen immer zum Schluss. Eine Nummer darf nicht zu kurz sein, damit die Zuschauer Zeit haben, um sie zu verstehen, sie darf aber auch nicht zu lang sein. Je einfacher die Geschichte ist, umso besser. Und im entscheidenden Moment sollte man ein wenig übertreiben.

Doch bevor es losgehen kann, muss noch geübt werden, denn wer im Rampenlicht steht, muss seine Zuschauer fesseln können: Blick zum Publikum, Lächeln, Verbeugen, so einfach ist das. Wer das übrigens meisterhaft kann, ist der Zirkusdirektor, man nennt ihn auch Conférencier. Er gibt dem Programm erst den richtigen Rahmen und der nächsten Nummer die richtige Spannung.

Tipp: Die Kinder üben mit Schlagzeugstöcken den Trommelwirbel. Dazu haben sie die Trommelstäbe ganz locker zwischen Daumen und Zeigefinger in der Hand liegen. Die Hand ist nach oben geöffnet. Nun machen sie abwechselnd einen Schlag mit der rechten Hand, dann mit der linken Hand. Dabei schlagen sie einmal die Schlägelspitze auf die Trommel und lassen die Schlägel dann locker nachfedern. (Der Daumen darf die Schwingung nicht stoppen!). Die Kinder beginnen erst langsam und werden dann immer schneller.

Medientipp: Zirkusmusik für den Einzug, die Pause und den Schluss: **25 Jahre Circus Roncalli** 3-CD-Set CD 1-Vol. 1 (Dai Allegri Musicanti), CD 2-Vol. 4 (Tarantella Musica); CD 1-Vol. 9 (Applaus, Applaus), CD 2-Vol. 5 (Zylinderhutschrammel); **Attwenger:** Sun Vol. 1 (Muamen), Vol. 2 (si dan), Vol. 7 (gedscho); J. E. W. Fučík: **Einzug der Gladiatoren;** G. Peter: **Zirkus Renz;** A. Chatschaturjn: **Säbeltanz;** F. Schubert: **Marche Militaire.**

Vorhang auf, Manege frei

Beobachten: Kurze Weile, Langeweile

1 Die Kinder erzählen von Situationen, in denen die Zeit wie im Flug vergeht, und von Situationen, in denen ihnen langweilig ist. Sie erzählen, wann etwas lustig ist, wann etwas langweilig ist und wann sie etwas gruselig finden.
2 Nun versuchen sie zu vergleichen: Was haben die langweiligen und was die spannenden Situationen gemeinsam? Die Kinder lernen dazu Begriffe wie „verblüfft sein", „überrascht sein", „Nervenkitzel", „Sensation", „Spannung" usw. sowie die jeweilige Bedeutung.
3 Die Erzieherin liest eine Geschichte vor. Dabei variiert sie ihre Stimme. An passenden Stellen spricht sie lauter oder leiser, langsamer oder schneller. Wenn die Spannung auf dem Höhepunkt ist, stoppt sie für einen Moment, schaut schweigend von einem Kind zum anderen und erzählt dann den Schluss. Haben die Kinder bemerkt, wie die Erzählweise die Spannung gesteigert hat? Können sie auch so spannungsreich erzählen?

> **Lernerfahrung:** sich die eigenen Stimmungen bewusst machen; eigene Gefühle in Worte fassen; Wortschatz erweitern
>
> **Anzahl der Kinder:** unbegrenzt
> **Material:** ev. Requisiten zum Darstellen der Szenen

Darstellen: Theater ohne Worte

Die Kinder spielen die folgende oder eine ähnliche Szene:

1 Zwei Kinder rollen eine Langhantel in die Manege. Die Hantel sieht sehr schwer aus und die beiden müssen sich quälen, um sie zu bewegen. Endlich haben sie es geschafft und wischen sich angestrengt den Schweiß von der Stirn. (In Wirklichkeit haben die Kinder nur gespielt, denn die Hantel ist federleicht. Die Kinder haben sie aus einem alten Besenstiel und Styroporscheiben gebastelt und mit silberner Farbe angemalt.)

> **Lernerfahrung:** den Körper beherrschen, szenische Mittel erproben; erleben, wie man Zuschauer verblüffen kann
>
> **Anzahl der Kinder:** 8
> **Material:** Langhantel aus altem Besenstil und zwei Styroporscheiben; Kostüm für den stärksten Mann der Welt (schwarzen Schnurrbart zum Aufkleben, Ringelanzug, Luftballone als Muskeln usw.), Zirkusmusik

2 Nun betritt der stärkste Mann der Welt die Bühne. Dazu spielt die Musik „Einzug der Gladiatoren" (siehe Musiktipp). Er hat einen breiten Schnurrbart im Gesicht und kleine Luftballone mit einem Kreppklebeband an die Oberarme geklebt, die sich unter dem Ringelhemd als Muskel abzeichnen. Der Gewichtheber stellt sich hin, will die Hantel hochheben, schafft es aber nicht. Er versucht es mit größter Kraftanstrengung noch einmal. Die Hantel ist zu schwer. Noch einmal ein Versuch, doch der Gewichtheber schafft es nur ein ganz klein bisschen. Vor Anstrengung fällt er in Ohnmacht. Die beiden Kinder kommen, wedeln mit dem Handtuch, der Gewichtheber rührt sich nicht. Es bleibt ihnen also nichts anderes übrig, als ihn zu zweit hinauszutragen.
3 Nun kommt das kleinste Kind der Gruppe in die Manege, läuft einmal im Kreis herum, winkt den Zuschauern zu und wirft Handküsschen, dann sieht es die Hantel. Das Kind nimmt die Hantel in eine Hand, stemmt sie mühelos in die Luft und läuft damit dem Gewichtheber hinterher.

Tipp zur Beleuchtung: Zur Beleuchtung der Manege bieten sich sogenannte Scheinwerfer PAR 56 mit farbigen Filtern an. Farbige Effekte erzeugt man mit bunter Theaterfolie. Zur Not tun es auch Halogenscheinwerfer. Farbige Effekte erzeugt man mit bunter Theaterfolie. Alternativ kann amn auch einen Diaprojektor in Verbindung mit bemaltem Diaglas einsetzen.

Medientipp: Sabine Krawcyk, Salah Naoura: **Licht an! Im Zirkus.** Meyers kleine Kinderbibliothek, Band 10, Meyer.

Vorhang auf, Manege frei

Alles am Clown ist komisch

Der Clown übertreibt maßlos, nichts an ihm ist normal. Die Schuhe sind zu lang, die Hosenbeine zu kurz. Die Trompete ist winzig und die Fliegenklatsche so groß, dass der Clown sie kaum schwingen kann. Auch der Koffer ist zu klein, zu groß oder viel zu schwer.
Jeder Clown hat einen eigenen, unverwechselbaren Charakter. Er unterscheidet sich von anderen Clowns in der Art, wie er geht, wie er sich bewegt oder wie er spricht. Der eine Clown kann kein „R" sprechen, der andere ruft vor jedem Satz „Uiiihhh!" und verdreht dabei die Augen. Einer redet immer nur mit einer fiepsigen Stimme, ein anderer spricht kein Wort und macht nur Gesten. Und auch diese Gesten sind, wie kann es anders sein, maßlos übertrieben.
Der Clown hat nur ein Ziel: Er will, dass die Leute über ihn lachen. Dahinter muss alles andere zurückstehen. So kann es auch einmal passieren, dass er traurig ist und dennoch die Zuschauer auf den Rängen so sehr zum Lachen bringt, dass sie sich die Bäuche halten. Überhaupt hat der Clown immer zwei Seiten: Er kann fröhlich und traurig, dumm und schlau zugleich sein. Das Wort „Clown" kommt aus dem Englischen und bedeutet „Tölpel". Doch davon darf man sich nicht täuschen lassen. Der Clown ist zwar ungeschickt, er ist aber trotzdem am Ende immer der Beste.
Alles, was der Clown macht, wirkt leicht und unbeschwert. Aber spätestens, wenn die Kinder sich selbst wie ein Clown benehmen wollen, merken sie, wie schwer es ist. Manche sagen, der Clownberuf sei der schwierigste Beruf im Zirkus. Um Fehler machen zu können, muss der Clown alles erst einmal perfekt können. Jeder noch so kleine Gag und jede noch so kleine Bewegung sind tausendmal geübt.

Lernerfahrung: Wahrnehmung schulen; Kreativität entwickeln; mit Ausdrucksformen experimentieren

Anzahl der Kinder: unbegrenzt
Material: Malpapier (DIN A 4), Filzstifte, Wasserfarben, Pinsel, Unterlagen, Malkittel; Kinderschminke, Clownkostüme, Ringelhemden, alte Hosen, Hosenträger usw.; großer Spiegel, Fotoapparat; Clownmusik (siehe Medientipp)

Malen & gestalten: Das ist mein Clown Pippo

Die Kinder haben erfahren, dass jeder Clown einen eigenen Charakter hat und kein Clown dem anderen gleicht.
1 Sie versuchen reihum, sich wie ein Clown zu benehmen. Danach überlegen sie: Was war lustig und was war nur Quatsch, über den man eigentlich gar nicht lachen kann? Die Kinder merken: Clown sein ist schwer.
2 Sie erzählen, welche Clowns sie schon einmal im Zirkus erlebt haben. Wie sah der Clown aus? Welches Kostüm trug er? Wie war er geschminkt? Wie hat er gesprochen? Wie hat er sich bewegt? Worüber mussten die Kinder am meisten lachen?
3 Jedes Kind erfindet nun „seinen" Clown mit ganz bestimmten Eigenschaften. Dazu malt jedes Kind zunächst ein Bild des Clowns. Anschließend reden die Kinder über die Bilder: Wie spricht mein Clown, wie bewegt er sich und was kann er besonders gut? Welche Kleidung trägt er, wie ist er geschminkt und wie ist sein Name?
4 Die Kinder schminken sich gegenseitig und stellen aus einer Kleiderkiste ihr Clownkostüm zusammen. Dabei suchen sie nach lustigen Details: eine zu große Jacke, ein zu kleines Hemd, die Haare in die Höhe toupiert. Dazu kommen komische Utensilien: eine winzige Trompete, eine Holzfeile zum Fingernägel feilen, eine Klobürste, um sich die Haare zu kämmen usw. Danach betrachten sich die Kinder im großen Spiegel oder fotografieren sich gegenseitig.
5 Die Kinder hören zusammen verschiedene Musikstücke und überlegen, welche Musik am besten zu „ihrem" Clown passt.

Experimentieren: Clown sein ist schwääär

Jeder Clown hat nur ein charakteristisches Merkmal. Je einfacher es ist, umso besser. Die Kinder experimentieren mit diversen Ausdrucksmöglichkeiten:
Gehen: schlurfen, die Zehenspitzen beim Gehen nach außen spreizen, nach jedem dritten Schritt einen winzigen Hopser machen, immer wieder einmal über die Füße stolpern – aber ohne hinzufallen, die Arme beim Gehen fast waagrecht weg halten, beim Gehen mit dem Kopf wackeln.
Utensilien: Mit verschiedenen Materialien kann man der Bewegung eine besondere Komik verleihen. Allein wenn man Flossen trägt (oder Opas Pantoffeln, Socken, die an den Zehen viel zu lang sind), wird die Bewegung schon amüsanter. Man kann sich auch eine Hupe in die Hosentaschen stecken und bei jedem zweiten Schritt hupen.
Sprache: Die Kinder erfinden sprachliche Besonderheiten für den Clown („r" wird als „l" gesprochen, „z", „s" und „ts" als „sch" u. Ä.).
Pantomime: Der Clown spricht kein Wort, sondern zeigt jede Anweisung nur mit seiner Gestik und Mimik (z. B. indem er sie selbst erst einmal vormacht).
Dramatik: Immer wenn dem Clown etwas gelingt, klatscht er in die Hände und ruft „Huchuuuuu!" oder „Plimaaa!", wenn ihm etwas nicht gelingt, ruft er: „Schwääär". Wenn er heult, zieht er ein Geschirrtuch aus der Tasche und schnaubt laut hinein.

Tipp: Für die Kinder ist es leichter, einen Clown zu spielen, der nicht spricht. Sie können sich dann auf die Bewegung konzentrieren. Die Szene wird dadurch noch etwas grotesker.

> **Lernerfahrung:** erleben, dass es für den Clown eine große Palette an individuellen Ausdrucksmöglichkeiten gibt; mit Ausdrucksmöglichkeiten experimentieren
>
> **Anzahl der Kinder:** 6–8
> **Material:** Clownmusik (siehe Medientipp), Hupe, Schwimmflossen, weitere Utensilien

Spielen: Clownerei

Die Kinder erfinden und spielen kleine Clowngeschichten wie die folgende:
1 Der Clown trägt eine Jacke, die viel zu groß ist, und an den Füßen Schwimmflossen. In der einen Hand hält er einen Staubwedel, in der anderen Hand die Lehne eines Stuhls. Dieser Stuhl ist ein besonderer: Er hat die Beine schräg abgesägt, so ist auch die Sitzfläche schief.
2 Der Clown dreht erst einmal einen großen Kreis um die Manege. Dabei zieht er den Stuhl hinter sich her und wedelt den Zuschauern immer wieder einmal ins Gesicht und über die Haare. Dann stellt er den Stuhl in die Mitte und versucht, sich darauf zu setzen, doch er rutscht immer wieder herunter. Er untersucht den Stuhl von vorne und von hinten, von oben und von unten und will ihn so hinstellen, dass das kurze Bein in der Luft steht und die Sitzfläche gerade ist. Er dreht sich um, glaubt, nun sei alles in Ordnung, und setzt sich hin. Doch er rutscht erneut herunter. Je langsamer der Clown das alles macht, umso größer ist die Wirkung.
3 Dem Clown reicht es nun. Er nimmt den Stuhl an der Lehne und zieht ihn wieder hinter sich her, während er noch einmal im Kreis herum watschelt, und dann verschwindet er wieder hinter dem Vorhang. Der Clown spricht dabei kein einziges Wort, dafür spielt im Hintergrund eine fröhliche Musik (siehe Medientipp).

> **Lernerfahrung:** Humor und Klamauk unterscheiden; Körperausdruck verfeinern; Konzentration verbessern
>
> **Anzahl der Kinder:** 4–6
> **Material:** Stuhl mit schräg abgesägten Beinen

Medientipp: Zirkusmusik für den Clown: **25 Jahre Circus Roncalli** 3-CD-Set: CD 1-Vol. 6 (Pic Glocken), CD 1-Vol. 11 (Champagne Rag), CD 1-Vol. 18 (Bugsy Malon), CD 2-Vol. 2 (Three little Pierotts); J. Strauß: **Tritsch Tratsch Polka, Perpetuum mobile**; Circus Mignon, Vol. 2: **Clowns, Silly Walks, Wassermann.**

Im Zirkus gibt's was zum Staunen

Wie wird man Akrobat?

Wer ein großer Akrobat werden will, muss schon im Kindergartenalter täglich üben. Der Nachwuchs für den Zirkus kommt häufig aus den Artistenfamilien. Heute gibt es aber auch Schulen, in denen jeder Interessierte Bodenakrobatik, Trapezakrobatik, Seiltanz und noch vieles mehr lernen kann.

Die ersten Akrobaten gab es, lange bevor es den Zirkus gab. Seilkünstler wurden bereits vor mehr als 2000 Jahren im antiken Griechenland erwähnt. Man nannte sie „Aerobatae", was so viel heißt wie „Luftkünstler". Sie spannten Seile zwischen Häusern und Türmen oder über Schluchten.

Je länger ein Akrobatikseil ist, umso schwieriger wird es, darauf zu laufen, denn das Seil beginnt, unter der Last des Seiltänzers zu schwingen. Das scheint die Akrobaten auf dem Seil aber gar nicht zu stören, sie machen Saltos, fahren mit dem Rad vor und zurück, laufen auf Stelzen – und das sogar mit verbundenen Augen.

Wer sich einmal für den Beruf „Akrobat" entschieden hat, muss jeden Tag mehrere Stunden hart trainieren, selbst in den Ferien. Gefährliche Sprünge von einem Trapez zum anderen, zweifache Saltos auf dem Hochseil und spektakuläre Sprünge über eine Menschenpyramide, das ist nur was für professionelle Akrobaten, die über Jahre ihre Muskeln, ihre Beweglichkeit, ihr Gleichgewicht und ihre Konzentration entwickelt haben. Die Kinder im Kindergarten müssen sich mit einfacheren Nummern begnügen. Aber auch sie können mit etwas Übung spannende Formationen einstudieren.

Das A und O sind Dehnübungen. Damit man sich bei den Kunststücken nicht die Muskeln zerrt, müssen sie weich gemacht werden. Das gilt übrigens nicht nur für die Artisten, sondern auch für die Kinder. Jede Trainingseinheit beginnt darum erst einmal mit laufen, strecken, drehen, kauern, rollen und grätschen. Und dann heißt es üben, üben, üben.

Bewegen: Übungen zur Auflockerung

Lernerfahrung: Muskulatur dehnen und lockern; Geschicklichkeit und Gleichgewichtssinn trainieren; Bewegungsabläufe verbessern

Anzahl der Kinder: 6–8
Material: Bodenmatten

1 Die Kinder laufen locker im Kreis, drehen sich beim Laufen einmal rechts, einmal links herum. Sie bleiben stehen, strecken sich und kauern sich zusammen. Die Stirn berührt den Boden, der Rücken ist rund. Wer kann den Po heben und den Kopf am Boden lassen? Zuletzt versuchen die Kinder eine sanfte Grätsche und einen Spagat. Dabei achten sie auf ihre Haltung: Rücken gerade.

2 Die Kinder liegen auf dem Rücken. Sie schlingen die Arme um die Knie und rollen sich auf dem Rücken vor und zurück. Die Beine sind nun nach oben gestreckt. Wer kann mit den Füßen einen Ball halten, drehen? Wer kann die Hände nach hinten neben den Kopf setzen und sich zur Brücke erheben?

3 Die Kinder sitzen am Boden. Die Fußsohlen liegen aufeinander, die Knie werden sanft zum Boden gedrückt. Die Kinder sitzen im Schneidersitz, die Hände sind verschränkt, die Arme werden nach vorne gestreckt und dann senkrecht nach oben (die Handinnenflächen zeigen nach vorne, nach oben). Die Beine sind leicht gegrätscht. Die Hände greifen nach den Zehen, die Beine bleiben gestreckt.

Tipp: Slacklining ist eine Sportart, die dem Seiltanz ähnlich ist. Dieses Seil lässt sich auch gut in der Kita einsetzen. Für Kinder sollten das Balanceband (die Slackline) 35–50 mm breit und nicht länger als 10 Meter sein. Die Slackline wird in 30 Zentimetern Höhe zwischen zwei Bäumen gespannt und festgezurrt (Baumschutz verwenden!).

Bewegen: Akrobaten im Kinderzirkus

Balanceakt: Zunächst machen die Kinder Übungen zum Gleichgewicht (z. B. auf einem Bein). Danach balancieren sie über die Langbank (vorwärts, rückwärts, drehen). Dabei achten sie auf ihre Haltung: Rücken gerade. Sie versuchen nun noch Übungen auf dem Balancebrett und auf der Papprolle und probieren Tricks mit dem Hula-Hoop-Reifen. Eine schöne Formation ergibt sich, wenn in der Mitte ein Kind den Hula-Hoop-Reifen schwingt und sich andere Kinder auf kurzen Papprollen (auf Topfstelzen) in einem Kreis um es herum bewegen.

Seiltanz: Ein Kind bewegt sich auf der Slackline (siehe Tipp, Seite 8). Es hält sich mit den beiden Händen an senkrechten Gymnastikstäben fest, die von zwei Kindern gehalten werden. Diese beiden Helfer links und rechts müssen sich auf das Tempo des Seiltänzers einstellen. Wer kann es nach ein wenig Übung ohne Hilfe?

Bodenakrobatik: Die Kindern haben verschiedene Möglichkeiten zur Fortbewegung ausprobiert und bringen nun die besten Ideen in eine Form: Sie laufen in kleinen Abständen hintereinander über eine Matte, jedes Kind mit einem anderen Bewegungsablauf (Purzelbaum, springen, drehen usw.). Die Kinder stehen Schulter an Schulter nebeneinander und machen wellenförmig die gleiche Bewegung (z. B. strecken – kauern – liegen). Bei dieser Welle müssen sie aufeinander achten und ein gemeinsames Tempo finden.

Nachdem die Kinder mehrere Tage lang mit den unterschiedlichen Geräten experimentiert haben, entscheiden sie, welche Nummer sie für die Zirkusveranstaltung ausbauen wollen. Dazu suchen sie die passende Musik.

Medientipp: Zirkusmusik für Akrobaten und Seiltänzer. **25 Jahre Circus Roncalli** 3-CD-Set: CD 2-Vol. 15 (On Stage); D. Reinhardt: **Minor Swing**; F. Kalkbrenner: **Facing The Sun**; **Circus Mignon:** Vol. 2.

> **Lernerfahrung:** mit Bewegungsformen experimentieren; Geschicklichkeit und Gleichgewichtssinn trainieren; Teamarbeit verbessern
>
> **Anzahl der Kinder:** 6–8
> **Material:** Bodenmatten, Langbank, große Papprolle zu kurzen Rollen geschnitten (Durchmesser 16–20 cm, gibt's als Abfall in der Druckerei), Balancebrett (Bongo Board), Hula-Hoop-Reifen, Gymnastikstäbe, Slackline

---

Balancieren: Acht Kinder und ein Turm

1 Die Kinder probieren verschiedene Möglichkeiten aus, wie sie zu zweit, zu dritt, zu viert usw. eine Figur oder eine spannende Formation bilden können. Jede gute Idee wird fotografiert.

2 Den fulminanten Abschluss einer Bodenakrobatik könnte folgende Formation bilden: Drei Kinder knien nebeneinander Schulter an Schulter und stützen die Hände auf den Boden. Sie bilden so eine Brücke. Zwei weitere Kinder knien auf den unteren Kindern (Auf- und Absteigen nur über Pobacken). Die Hände sind auf deren Schultern gestützt. Nun kommt noch ein weiteres Kind, das oben den Abschluss bildet. Es steht mit den Füßen auf den Pobacken der beiden unteren Kinder (Vorsicht: niemals auf dem Rücken stehen) und spreizt die Arme nach außen. Links und rechts dieser Formation bilden zwei weitere Kinder einen Abschluss, mit einem aufgestellten Bein auf den knienden Kindern. Ihre Arme sind weit nach außen gestreckt. Aufgepasst: Alle Kinder blicken zum Publikum und … lächeln!

3 Wenn alle Kinder wieder aufrecht auf dem Boden stehen, fassen sie sich noch einmal an den Händen und verbeugen sich auf Kommando.

Medientipp: Michael Blume: **Akrobatik mit Kindern und Jugendlichen**, Meyer & Meyer Sport.

> **Lernerfahrung:** sich mit anderen koordinieren; aufeinander achten; Gemeinschaftsgefühl erleben
>
> **Anzahl der Kinder:** 9–12

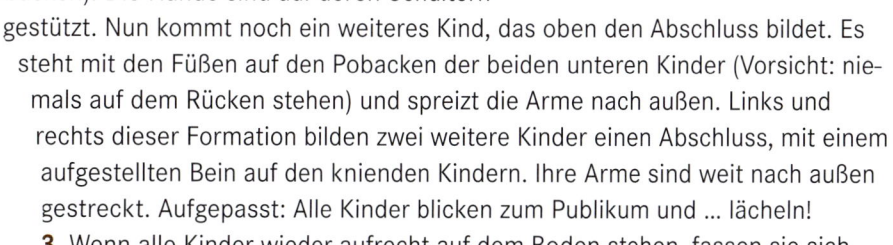

Im Zirkus gibt's was zum Staunen

Jeder kann jonglieren

Glaubt man den Wissenschaftlern, dann müsste man Jonglieren zum Schulfach für Kinder machen und zum Pflichtprogramm für Eltern, bevor sie morgens aus dem Haus und zur Arbeit gehen. Jonglieren steigert das Wohlbefinden, fördert das Konzentrationsvermögen und die räumliche Vorstellungskraft. Es schult die Körperkoordination und erhöht das Sehvermögen, es hilft, Stress abzubauen und soll sich sogar positiv auf den Schulerfolg auswirken. Und selbst bei Oma und Opa kann Jonglieren die „grauen Gehirnzellen" wieder in Schwung bringen. Das haben Gehirnforscher herausgefunden. Leider gibt es ein Problem: Drei Bälle sind einfach zu viel für zwei Hände...

Was man beim Jonglieren als Erstes lernen muss, ist „loslassen". Keinesfalls dürfen wir den Bällen nachschauen. So kann man auch verstehen, dass manche Jongleure die Bälle sogar blind fangen können. Auch Denken ist beim Jonglieren eher hinderlich und verkrampfter Ehrgeiz sowieso. Die beste Voraussetzung ist: Gelassenheit. Wenn es nicht sofort klappt, legt man sich für einen Augenblick entspannt hin und versucht es danach noch einmal.

Und wenn sich die ersten Erfolge einstellen, dann wird jeden Tag wenige Minuten geübt. Ihr wisst nun, was Ihr zu tun habt: Kinder, Erzieherinnen, Eltern und Opas und Omas, alle ran an die Jonglierbälle!

Koordinieren: Den Ball von links nach rechts

Lernerfahrung: links und rechts koordinieren; Konzentration schulen

Anzahl der Kinder: unbegrenzt
Material: pro Kind 2-3 Jonglierbälle, 2-3 Jongliertücher, Poi Flow Motions

1 Die Kinder werfen mit der rechten Hand ein Jongliertuch nach links oben. Die linke Hand fängt das Tuch auf und wirft es nach rechts oben, die linke Hand fängt es auf. Dabei schauen die Kinder dem Tuch nicht hinterher, sondern fixieren einen Punkt vor sich.
2 Danach versuchen die Kinder das Gleiche mit einem Jonglierball. Die erste Aufgabe ist, die richtige Flugbahn zu finden. Der Ball muss immer im gleichen Bogen fliegen und immer im gleichen Abstand zum Kind bleiben.
3 Nun wird es etwas schwieriger: In jeder Hand ist ein Ball. Die rechte Hand wirft den Ball nach links oben. Während der Ball fliegt, übergibt die linke Hand der rechten Hand den zweiten Ball und fängt den ersten auf. Der Blick ist immer geradeaus oder nach oben gerichtet. Wer das kann, steigert das Tempo. Das Kind wechselt immer wieder einmal die Richtung. Übrigens: Wenn es nicht gleich klappt, bricht man besser ab, lässt sich massieren und versucht es später noch einmal.
4 Das Kind hält in jeder Hand einen Ball. Die rechte Hand wirft den Ball nach links oben. Genau in dem Moment, in dem der Ball am höchsten ist, wirft die linke Hand den Ball nach rechts oben. Es ist noch gar nicht wichtig, die Bälle sofort zu fangen, erst einmal muss die richtige Wurfbahn gefunden werden. Wenn das Kind beide Bälle gefangen hat, macht es erst einmal eine Pause, und dann wird es gleich noch einmal probiert.
5 Die Jonglage kann man sehr ansprechend mit Poi Flow Motions untermalen. In der Mitte jongliert ein Kind, seitlich schwingen zwei Kinder mit jeweils zwei Poi (alternativ auch mit Leucht-Poi, die bei Dunkelheit und Spotbeleuchtung spannende Effekte erzeugen). Poi eignen sich auch für behinderte Kinder.

Elternkooperation: Die Kinder jonglieren auch noch regelmäßig, wenn das Zirkusprojekt zu Ende ist, denn sie wollen ihre Eltern zum Elternnachmittag einladen und ihnen bei dieser Gelegenheit das Jonglieren beibringen.

Tipp: Beim Kauf von Jonglierbällen sollte man nicht sparen. Gute Bälle sind nicht nur strapazierfähiger, sie fliegen auch besser und halten die Flugbahn. Für Vorschulkinder und Anfänger sollte der Ball nicht zu schwer sein (max. 100 Gramm). Ein Ball kostet ca. 6 Euro.

Im Zirkus gibt's was zum Staunen

Inszenieren: Alles wirbelt durch die Luft

Ein sehr schöner Effekt kommt zustande, wenn mehrere Jonglieraktionen gemischt und mit Lichteffekten untermalt werden. Man kann die Choreografie noch zusätzlich in eine Geschichte einbetten. Die Kinder experimentieren zuerst über mehrere Tage mit den Materialien und überlegen sich dann eine Geschichte. Beispiel:

1 Ein Paradiesvogel (Gestaltungstipp unten) „schwebt" zu leiser Musik (z.B. Serenade von Schubert oder Clair de Lune von Debussy) durch die Manege, dreht große Kreise und Achter. Zuletzt dreht er sich dreimal um sich selbst, wird langsamer und kauert sich schließlich am Boden zusammen.

2 In die Manege kommen nun ganz leise vier Kinder mit Seifenblasen (sie setzen sich links und rechts vom schlafenden Paradiesvogel auf den Boden), ein Kind mit zwei Poi (es stellt sich in die Mitte), Kinder mit Jongliereifen (sie stellen sich links und rechts ganz außen auf), Kinder mit Jonglietellern (sie stehen versetzt hinter den Kindern mit den Jongliereifen).

3 Dann wird es dunkel in der Manege, nur drei Lampen beleuchten von vorne die Manege. Die Kinder setzen nacheinander ein: Das Kind in der Mitte schwingt Poi. Die Kinder außen drehen Teller auf den Stäben und die Reifen an den Handgelenken. Die Kinder vorne blasen Seifenblasen ins Publikum.

4 Bevor das Musikstück zu Ende ist, verschwinden die Kinder in umgekehrter Reihenfolge so leise, wie sie gekommen sind. Das Kind am Boden steht langsam auf, streckt sich, reibt sich die Augen, „schwebt" mit ausgebreiteten Armen einmal im Kreis herum und verschwindet dann hinter dem Vorhang.

> **Lernerfahrung:** Geschicklichkeit verbessern; Koordination Auge-Hand
>
> **Anzahl der Kinder:** unbegrenzt
> **Material:** 2–4 Jonglierteller und 2–4 Jonglierringe (evtl. nachtleuchtend), 2 Poi (alternativ auch Leucht-Poi), Seifenblasen, ein Spot mit Theaterfolie (siehe Tipp S. 13)

> *Medientipp: Zirkusmusik für Jongleure:* **25 Jahre Circus Roncalli** *3-CD-Set: CD 1-Vol. 6 (***Pic Glocken***), CD1-Vol. 22 (***Hommage an Nino Rota***), CD2-Vol. 15 (***Dear Eric***), CD 3-Vol. 15 (***Freiheit Shogun***); A. C. Jobim:* **Brazil***; F. Schubert:* **Serenade***; C. Debussy:* **Clair de Lune**.

Gestalten: Kostüm für den Paradiesvogel

Maske: Ein Kind liegt am Boden, das Gesicht ist gut eingecremt (Malerkittel nicht vergessen). Ein zweites Kind trägt auf der oberen Gesichtshälfte des liegenden Kindes befeuchtete Gipsbänder auf und bringt sie in die Form einer Maske. Die Augen bleiben frei. Es müssen mindestens drei Lagen übereinander sein. Über der Nase wird ein spitzer Schnabel modelliert. Wenn die Maske trocken ist, kann sie abgenommen, bemalt und verziert werden. An den Seiten werden kleine Löcher eingestochen und ein Gummi durchgezogen.

Kostüm: An der Unterkante der Ärmel eines alten schwarzen T-Shirts werden rote und gelbe Bänder genäht. Wenn ein Kind das Hemd trägt und die Arme ausbreitet, sieht es aus, als habe es Flügel mit buntem Gefieder. Dazu zieht das Kind schwarze Leggins an und setzt sich die Maske aufs Gesicht.

> **Lernerfahrung:** Feinmotorik schulen; achtsam miteinander umgehen; Fantasie entwickeln
>
> **Anzahl der Kinder:** unbegrenzt
>
> **Material:** Gipsbinden aus der Apotheke (1 pro Kind), Babycreme, Malerkittel, Fingerfarben (gelb und violett), feine Pinsel, Wasser, Malerkittel, evtl. Glimmer und Kleber, Schnurgummi; Tüllbänder, Krepppapierstreifen oder Satinbänder in Gelb und Rot 5 × 50 cm), schwarze Leggins, altes, schwarzes T-Shirt mit langen Armen, Nadel und Faden

Tipp: Beim Jonglieren zählt nur die Freude. Wenn eines der Geräte mal zu Boden geht, ist das kein Problem. Darum ist es auch sinnvoll, in einer Formation schwere und leichte Übungen zu kombinieren, so kommt die Darbietung nicht ins Stocken. Der Vorteil dabei: Es ist für jedes Talent etwas dabei und auch behinderte Kinder können integriert werden (sie machen z.B. die Seifenblasen). Die Wirkung ergibt sich aus dem Zusammenspiel.

Im Zirkus gibt's was zum Staunen

Wie funktioniert Zaubern?

Welches Kind kennt ihn nicht, den Zauberer Petrosilius Zwackelmann in der Geschichte des Räuber Hotzenplotz? Ein plumper Kerl, der alles Mögliche zaubern kann, nur nicht die Schalen von den Kartoffeln. Für die ganz belanglosen Dinge des Alltags muss also selbst der Zauberer zum Messer greifen und die Kartoffel per Hand schälen.

Auch der Magier im Zirkus kann sich nicht alles Mögliche herbeizaubern, selbst wenn es gelegentlich so aussieht. Genaugenommen verzaubert der Magier im Zirkus nicht die Dinge, sondern er verzaubert die Menschen. Das ist nämlich der eigentliche Trick bei der Zauberei. Er versetzt den Betrachter durch Illusionen, Geschicklichkeit und aufwändige Gesten in Staunen. Ein paar einfache Tricks helfen ihm dabei ebenso wie seine Kunst, die Aufmerksamkeit des Zuschauers abzulenken.

Nicht umsonst heißt der Zauberer auch Illusionist, Trickkünstler oder Magier. Der Illusionist erzeugt eine Sinnestäuschung. Der Trickkünstler zieht eine Karte so geschickt aus einem Stapel, dass es für das bloße Auge nicht mehr sichtbar ist. Und der Magier lebt vom magischen Ritual.

„Sinnestäuschung", „Geschicklichkeit" und „Wahrsagerei", das sind also die Zutaten, aus denen eine gute Zaubernummer im Zirkus gemacht wird. Den Kindern wird es sicherlich Spaß machen, die Eltern zu täuschen. Zum Täuschen gehört aber, dass die Erwachsenen überrascht werden. Auch wenn's schwer fällt: Die Tricks sollten vorher nicht verraten werden. Also: Die Zauberer üben sich in größter Geheimhaltung, zumindest bis nach der Vorstellung.

Spielen: Wahrsagerei

Lernerfahrung: Selbstbewusstsein entwickeln; Sicherheit im öffentlichen Sprechen gewinnen; Hemmungen überwinden, Erwachsene in die Irre führen

Anzahl der Kinder: unbegrenzt

Material: 8 weiße Kartons (DIN A 4) mit jeweils einem farbig ausgemalten Wort einer Farbe. Wichtig: Wort und Farbe stimmen nicht überein.

1 Der Zauberer hat einen Stapel mit Karten. Auf jeder Karte steht groß geschrieben der Name einer Farbe, allerdings sind die Buchstaben des Wortes in einer anderen Farbe ausgemalt. Das Wort „gelb" ist zum Beispiel blau, das Wort „grün" ist rot, das Wort „grün" ist violett. Die Erzieherin hat dabei geholfen. Sie hat die Namen aufgeschrieben und die Kinder haben die Buchstaben ausgemalt.

2 Der Zauberer sagt dem Publikum, er könne voraussagen, dass die erwachsenen Zuschauer im Publikum Farben nicht richtig erkennen könnten, die Kinder hingegen könnten das.

3 Der Zauberer holt sich nun vier Erwachsene in die Manege und stellt sie nebeneinander auf. Er erklärt, dass er ihnen nacheinander vier Karten zeigen wird. Sie müssen so schnell wie möglich die Farbe benennen, die sie auf der Karte sehen. Anschließend zeigt er die Karten dem Publikum.

4 Danach holt der Zauberer vier Kinder (vier bis sechs Jahre alt) in die Manege. Er zeigt auch ihnen drei Karten und tatsächlich: Die Kinder können die Farben alle richtig benennen.

Erklärung: Wenn man zwei unterschiedliche Aufgaben gleichzeitig bewältigen muss, entscheidet sich das Gehirn für eine der Aufgaben. In dieser Übung dominiert bei Erwachsenen die Wahrnehmung des geschriebenen Wortes, die Farbe erkennen sie erst etwas später. Die meisten Erwachsenen benennen darum spontan nicht die Farbe, sondern lesen erst das Wort. Zumindest werden die Eltern mit diesem Trick gehörig verwirrt. Fragt man hingegen die Kinder, die noch nicht lesen können, werden sie die richtige Farbe benennen. Man nennt dieses Phänomen „Stroop-Effekt".

Tipp: Jede Menge Zaubertricks für Kinder gibt es unter www.labbe.de.

Im Zirkus gibt's was zum Staunen

Spielen: Trickkunst

1 Der Zauberer bittet einen Erwachsenen, eine Karte aus einem Stapel von Karten zu ziehen und diese Karte dem Publikum zu zeigen. Er sagt, in der Zwischenzeit werde er sich umdrehen, damit er die Karte nicht sehen könne. Während der Zauberer dem Publikum den Rücken zuwendet, dreht er zuerst die unterste Karte um und dann den ganzen Stapel. Die umgedrehte Karte ist nun oben. Danach wendet sich der Zauberer wieder dem Publikum zu und bittet den Zuschauer, die Karte in den Stapel zu stecken. Der Zauberer spricht einen Zauberspruch, dreht unbemerkt den Stapel in seiner Hand wieder um, fächert den Kartenstapel leicht auseinander, konzentriert sich ganz fest... und findet sofort die richtige Karte.
Erklärung: Da der Zauberer den Stapel umgedreht hatte, lag die gewählte Karte verkehrt herum im Stapel. Weil die oberste Karte aber umgedreht war, haben die Zuschauer den Trick nicht durchschaut.

2 Der Zauberer hat zwei große Gläser. In einem Glas sind violette Perlen, im anderen gelbe Perlen. Der Zauberer schüttet die violetten Perlen in das Glas mit den gelben Perlen. Danach schüttelt er das Glas, damit sich alle Perlen vermischen. Er spricht einen Zauberspruch und schüttet die Perlen in das leere Glas zurück. Was passiert? Alle violetten Perlen fallen in dieses Glas, während die gelben im anderen Glas bleiben.
Erklärung: Die gelben Perlen wurden sehr locker auf eine dünne Nylonschnur aufgefädelt, Anfang und Ende der Schnur wurden in den Boden des Glases geklebt. Die Perlen können sich nun im Glas bewegen und mit den violetten Perlen mischen, aber sie können nicht herausfallen.

Tipp: Wer zaubern will, sollte sich folgende Regeln merken: 1. Der Zaubertrick muss sehr langsam vorgetragen werden. 2. Man muss den Zauberspruch laut und langsam sprechen und dabei immer zum Publikum schauen. 3. Man muss den Trick sehr oft üben, bis er wirklich sitzt. Dazu kann man auch einen Spiegel zu Hilfe nehmen. 4. Der Trick darf vorher nicht verraten werden.

Lernerfahrung: Geschicklichkeit trainieren; Sicherheit im öffentlichen Sprechen gewinnen

Anzahl der Kinder: unbegrenzt
Material: für den Kartentrick: ein halbes Kartenspiel; für den Perlentrick: 2 große Gläser (z. B. Einweckgläser), violette und gelbe Perlen, Nylonschnur, kräftiger durchsichtiger Kleber, Schere

Experimentieren: Illusion mit Schwarzlicht

Nicht ganz billig, aber ungeheuer effektvoll ist das Schwarzlichttheater. Besonders Kinder, die vor dem Publikum Hemmungen oder Versagensängste haben, werden hier ihren Spaß haben. Das Prinzip: Alles, was schwarz ist, kann man im Schwarzlicht nicht sehen, nur was weiß ist, ist sichtbar. Der Raum muss abgedunkelt sein und der Bühnenhintergrund muss mit einem schwarzen Stoff abgehängt werden. Die Spieler sind vollkommen schwarz gekleidet, auch das Gesicht und die Hände sind schwarz verdeckt. Die Kinder können nun mit vielen Variationen experimentieren. Je einfacher und je langsamer, umso besser. Wichtig ist dabei, dass die Kinder immer in einer Linie nebeneinander stehen.

- Die Kinder tragen weiße Handschuhe oder weiße Strümpfe, alles andere ist schwarz. Sie machen einen Tanz mit den Händen (Füßen).
- Die Kinder basteln einen Bandwurm mit einer Styroporkugel als Kopf und weißen Tüchern als Körper. Der Wurm wird an mehreren schwarzen Stäben befestigt und schwebt nun im Schwarzlicht über die Bühne.

Lernerfahrung: Hemmungen überwinden; Kreativität entwickeln

Anzahl der Kinder: 4–6
Material: Schwarzlichtreflektoren (kosten ca. 100 Euro), schwarze Kleidung, schwarzer Bühnenhintergrund, weiße Utensilien zum Spielen

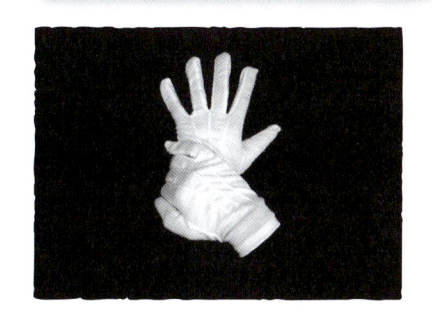

Medientipp: Auch diese Aktivität lässt sich sehr schön mit Musik untermalen. Zirkusmusik für magische Minuten: **25 Jahre Circus Roncalli** 3-CD-Set: CD 1-Vol. 6 (**Pic Glocken**), CD 1-Vol. 22 (**Hommage an Nino Rota**), CD 2-Vol. 15 (**Dear Eric**), CD 3-Vol. 15 (**Freiheit Shogun**); A. C. Jobim: **Brazil**; F. Schubert: **Serenade**; C. Debussy: **Clair de Lune**.

Der Zirkus in Kunst und Kultur

Musik im Zirkus

Was wäre der Zirkus ohne seine Musik? Was wäre der tollpatschige Clown, ohne dass seine Bewegung slapstickartig musikalisch begleitet wird? Beim Film nennt man diese Art der musikalischen Akzentuierung von Bewegungen Mickeymousing. Und was wären die Trapezkünstler hoch oben in der Luft ohne eine dramatisch untermalende Musik?

Musik im Zirkus hat eine ähnliche Funktion wie Filmmusik: Sie betont den jeweiligen Charakter einer Situation, sei diese nun lustig, spannend oder erhaben und ästhetisch. Der Zirkus in seiner heutigen Form als Verbindung von Tierdressur, Akrobatik und Clownerie geht zurück auf den britischen Offizier und Militärreiter Philip Astley (1742-1814). Schon dessen erste Zirkusvorstellung im Jahre 1768 wurde von Musik mit Trommel und Flöten begleitet.
Die Musik im Zirkus steht in der Tradition der Jahrmarktmusik, der mittelalterlichen Spielleute und des fahrenden Volkes. So ist es auch nicht verwunderlich, dass es kaum namhafte Komponisten gab oder gibt, denen Zirkusmusik zugeschrieben werden könnte.
Eine Ausnahme bilden ein paar wenige Stücke, die aufgrund ihres Charakters Eingang in viele Zirkusvorstellungen fanden und auch heute noch trotz eines ursprünglich anderen Bedeutungszusammenhangs mit dem Zirkus in Verbindung gebracht und dort gespielt werden. Dies betrifft beispielsweise den Marsch „Einzug der Gladiatoren" von Julius Fučík (1899), den Samba „Aquarela do Brasil" von Ay Barroso (1939) oder den Säbeltanz aus dem Ballett Gayaneh von Aram Chatschaturjan (1942).

Musik erleben: Zaubern zum Säbeltanz

Lernerfahrung: sich der emotionalisierenden Wirkung von Musik bewusster werden; Kennenlernen eines modernen Orchesterwerks

Anzahl der Kinder: 4-8
Material: verschiedene Zaubertricks (unter http://www.labbe.de); eine Aufnahme von Aram Chatschaturians Säbeltanz (Klangbeispiel unter www.youtube.com)

1 Die Erzieherin übt mit den Kindern einzeln verschiedene einfache Zaubertricks ein. Jedes Kind lernt einen anderen Trick, sodass die Kinder ihre Tricks untereinander nicht kennen. Geheimhaltung ist Zaubererpflicht! Am besten sind Tricks, die ohne Sprache auskommen, da dies später bei musikalischer Untermalung störend wäre.
2 Wenn die Zaubertricks so geübt sind, dass sie einigermaßen fehlerfrei vorgeführt werden können, wird gemeinsam eine Zirkusvorstellung inszeniert: Jedes Kind führt einmal seinen Trick vor. Die Erzieherin animiert die Zuschauer zu kräftigem Applaus.
3 Dann bittet die Erzieherin einzelne Kinder erneut, ihren Trick zu zeigen. Sie weist die Kinder an, mit der Vorführung zu warten, bis Musik läuft. Die Erzieherin startet die Aufnahme des Säbeltanzes und gibt dem jeweiligen Kind ein Zeichen zu beginnen.
4 Nach der Aufführung fragt sie die Kinder, welche Aufführung spannender war. Im Gespräch erarbeitet sie mit den Kindern, dass die Musik eine Wirkung auf unser Erleben hat.
5 Jedes Kind darf nun zu Musik erneut seinen Trick vorführen.

Variiert werden kann die Aktivität durch den Einsatz unterschiedlicher Musik von spannend bis geheimnisvoll.

Der Zirkus in Kunst und Kultur

Musizieren: *Zirkusmusik selbst gemacht*

1 Die Erzieherin bereitet die für die Zirkusmusik benötigten Instrumente vor, indem sie nur die benötigten Klangplatten auswählt: für das Bassmetallophon c und g; für das Bassxylophon c, d und g, für das Sopranxylophon 1: c", d", e" und g', für das Sopranxylophon 2 f", a' und c" und schließlich für das Sopranmetallophon: g", f", e" und d".

2 Nun übt sie mit den Kindern zunächst klatschend die Rhythmen. Dies wird für sie leichter, wenn sie ein entsprechendes Wort dazu sprechen:

Zir-kus-zelt

Pfer-de-dres-sur

> **Lernerfahrung:** aufeinander hören; als Gruppe musizieren; einfache Spieltechniken verschiedener Instrumente kennenlernen; erfahren, dass verschiedene Motive zusammen einen komplexen Klang ergeben
>
> **Anzahl der Kinder:** 4–8
> **Material:** Rasseln, Bassxylophon, 2 Sporanxylophone, Sporanmetallophon, optional Bassmetallophon und Flöten, jedes Instrument kann auch mehrfach eingesetzt werden.

3 Wenn die Kinder im Rhythmus sicher klatschen können, probieren sie es mit den Rasseln aus und sprechen dazu die Hilfswörter.

4 Analog werden die einzelnen Instrumentenstimmen geübt. Um den Kindern das Spiel leichter zu machen, werden die Harmoniewechsel auf mehrere Instrumente verteilt.

Teil 1 des Stückes, das insgesamt aus zwölf Takten besteht:

Bassmetallophon 1: Motiv wird 12-mal gespielt.

Bassxylophon 1: Motiv wird 12-mal gespielt.

Sopranxylophon 1: Motiv wird nach 4 Takten Pause 2-mal gespielt.

Sopranmetallophon 1: Motiv wird nach 8 Takten Pause einmal gespielt.

Dann kommt ein Wechsel in der Harmonie des Stückes – also auch ein Wechsel der Spieler für Teil 2 des Stückes:

Bassmetallophon 2: Motiv wird 4-mal gespielt.

Bassxylophon 2: Motiv wird 4-mal gespielt.

Sopranxylophon 2: Motiv wird einmal gespielt.

Sopranmetallophon 2: Motiv wird einmal gespielt.

Nach diesem Teil kommt wieder der Wechsel zu Teil 1. Dies kann beliebig oft wiederholt werden. Bei zweistimmigen Melodiebausteinen kann die obere und die untere Stimme von verschiedenen Instrumenten gespielt werden.

5 Die optionalen Flöten können die Melodie des Sopranmetallophons spielen. Es können auch Trommeln und andere Rhythmusinstrumente eingesetzt werden.

6 Mit dieser Musik können einzelne Darbietungen begleitet werden, sie kann aber auch in den Pausen zwischen den einzelnen Nummern gespielt werden.

Der Zirkus in Kunst und Kultur

Das Original: „Der Zirkus" von George Seurat

Der Maler Georges Seurat

Georges-Pierre Seurat kam am 2. Dezember 1859 als Sohn wohlhabender Eltern in Paris auf die Welt. Schon als Gymnasiast erhielt er von seinem Onkel Zeichenunterricht und nahm gleichzeitig an Zeichenkursen einer Abendschule teil. Bereits 1878 wurde er an der École des Beaux-Arts aufgenommen. Er studierte, kopierte Meister des Louvre und orientierte sich zunächst an klassisch akademischen Malern wie Ingre und David.

Die Begeisterung für die neue Malweise der impressionistischen Maler, die er beim Besuch der 1879 ins Leben gerufenen „Impressionismus Ausstellung" kennenlernte, und seine ungebrochene Experimentierlust führten ihn weg von der akademischen Malweise und ließen ihn eine neue Maltechnik und einen neuen Stil kreieren. Die Physik der

Der Zirkus in Kunst und Kultur

Die Fälschung: Welche Fehler haben sich eingeschlichen?
Wer entdeckt alle zehn Fehler? (Auflösung S. 32)

Farben, der „Divisionismus" und seine Farbtheorie, prägte von nun an sein Werk. Seurat fertigte zunächst fünf Bilder in dieser ihm eigenen Technik an. Eins davon ist unser Bild „Zirkus" von 1891, das noch unfertig kurz vor seinem Tod im Salon des Indépendants ausgestellt wird. Wie auch bei den anderen Bildern sieht man hier einen sehr steif gehaltenen geometrischen Aufbau. In pointillistischer Malweise wird die Form zwar in sich aufgelöst, trotzdem bleiben Linie, Kante und Form genau definiert. Das unterscheidet ihn von den klassischen Impressionisten, weshalb Seurat dem Neoimpressionismus zugeordnet wird. Georges Seurat wurde nur 31 Jahre alt, er starb am 21. Februar 1891 an Diphterie und wurde auf dem Friedhof Père Lachaise in Paris beigesetzt.

Kinderseite: Malen mit Oskar

Oskar kam aus dem Staunen nicht heraus: Der Jongleur jonglierte mit allem Möglichen und Unmöglichen …

Angebote und Lernerfahrungen nach Bildungsbereichen

Angebot	Seite	Bewegung, Körpererfahrung & Gesundheit	Emotionalität & soziale Beziehungen	Ethik, Philosophie & Religion	Kreativität & Spielen	Kunst & Ästhetik	Mathematik, Naturwissenschaft & Technik	Musik & Rhythmik	Natur & Umwelt	Sprache, Literacy & Medien
Dem Zirkusleben auf der Spur			●						○	○
Wie wird das Zirkuszelt aufgestellt?			○				○		◉	○
Im Zirkus leben			●						○	○
Zirkus von A bis Z			○		○					◉
Von der Idee bis zum Zirkusabend		○	○		●	○	○	○	○	○
Eintrittskarten und Clownschminke			○		◉	○			○	
Popcorn		○							●	○
Zirkusvorhang						○			◉	○
„Meine Damen und Herren …!"			○		○		○		●	
Kurze Weile, Langeweile			○		○					◉
Theater ohne Worte		●	○		○	○				
Das ist mein Clown Pippo			○		○	◉			○	○
Clown sein ist schwäär		○	○		●					○
Clownerei		○	○		◉				○	
Übungen zur Auflockerung		●	○		○				○	
Akrobaten im Kinderzirkus		◉	○		○				○	○
Acht Kinder und ein Turm		●			○				○	○
Den Ball von links nach rechts		◉			○	○				
Alles wirbelt durch die Luft		●	○		○	○			○	
Kostüm für den Paradiesvogel		○			○	◉				○
Wahrsagerei			○		○					●
Trickkunst			○		◉					○
Illusion mit Schwarzlicht			○		○		●			
Zaubern zum Säbeltanz			○		○			◉		○
Zirkusmusik selbst gemacht			○		○				●	○
Fehlersuche		○				◉				○
Der Maler Georges-Pierres Seurat						●				○
Malen mit Oskar					○	◉				

Allgemeines zur Projektarbeit

Die Projektarbeit ist eine Art Königsdisziplin in der Frühpädagogik. Keine andere Methode ermöglicht Kindern so vielfältige, ganzheitliche und nachhaltige Lern- und Bildungserfahrungen. Aber auch keine andere Methode fordert von der Erzieherin so viel an Know-how und Ideenreichtum. Denn in einem Projekt beschäftigt sie sich mit den Kindern über einen längeren Zeitraum und unter ganz verschiedenen Aspekten intensiv mit einem Thema. Jeder Anlass, der Kindern wichtig ist, kann zum Projektthema werden, es kann sich aber auch auf alle großen und kleinen Ereignisse in der Lebenswelt von Kindern beziehen.

Ein wesentliches Merkmal von Projektarbeit ist das selbsttätige Handeln der Kinder. Damit unterscheidet sie sich von angeleiteten Aktivitäten, bei denen die Erzieherin die Lerninhalte mehr oder weniger vorgibt. Während eines Projekts liegt hingegen ihr Arbeitsschwerpunkt vorwiegend auf der Vorbereitung der Lernumgebung. Dies bietet Kindern die Chance, selbst das Projekt zu steuern und ihrem Bedürfnis nach Erfahrungs- und Wissenszuwachs nachzugehen. Das heißt, wenn Kinder sich Fragen stellen wie: „Schlafen Gänseblümchen in der Nacht?" oder „Wie kommt der Regen in die Wolken?" so begeben sich Kinder und Erwachsene bei der Suche nach einer Antwort auf eine Art Reise mit ungewissem Ausgang. Der Prozess ist offen, denn am Anfang des Projekts steht noch nicht fest, wohin es sich entwickeln wird und welche weiterführenden Fragen sich den Kindern auf diesem Weg stellen werden. Die Reise kann also kurz oder lang dauern und sie kann voller Abenteuer stecken. Und je nachdem, welche Personen zusammen unterwegs sind, werden unterschiedliche Stationen während dieser Reise angesteuert: Denn der Verlauf eines Projekts entsteht aus der Auseinandersetzung der Kinder mit dem Thema und dies kann von Gruppe zu Gruppe sehr unterschiedlich ausfallen. Projekte sind immer neu und unverwechselbar. Wenn sich das Thema für die Kinder erschöpft hat, wenn ihre Wissbegierde gestillt ist, ist auch das Projekt zu Ende.

Projektarbeit schafft Freiräume für kreatives Arbeiten — nicht nur für die Kinder. Sie bietet die Chance, sich auf unterschiedlichste Art und Weise mit einem Thema zu befassen: Gestalten, Experimentieren, Musizieren, Phantasiereisen, Bewegungsspiele etc. Projekte ermöglichen Kindern nicht nur, selbsttätig zu handeln und zu spüren, dass sie ihre Umwelt beeinflussen können, sie ermöglichen auch ganzheitliche Bildungsprozesse in allen Bildungsbereichen.

Projektphasen

Auch wenn situationsorientiertes Arbeiten bedeutet, flexibel auf die Impulse von Kindern einzugehen, so funktioniert auch Projektarbeit nicht ohne Planung. Sie steckt den Rahmen eines Projekts ab, damit sich die Erwachsenen inhaltlich und methodisch auf verschiedene Prozessrichtungen einstellen. Der Planungsumfang hängt davon ab, wie groß ein Projekt angelegt ist, ob es sich z. B. nur innerhalb einer Kita-Gruppe abspielt, ob gruppenübergreifende Projektgruppen angeboten werden sollen oder ob sich die ganze Einrichtung von einem Thema anstecken lässt. Wer noch keine Erfahrungen mit Projektarbeit sammeln konnte, dem fällt vielleicht der Einstieg mit einem kleinen, gruppeninternen Projekt leichter. Mit dieser Erfahrung lassen sich dann kleine Projekte zu einem großen Projekt verknüpfen. Es bietet sich auch an, sich mit projekterfahrenen Kolleginnen aus der eigenen oder aus benachbarten Einrichtungen auszutauschen.

Die folgenden Phasen haben sich bei der Planung von Projekten bewährt:

- Die verschiedenen *Aspekte eines Themas* zusammentragen (z. B. mit Hilfe eines Brainstormings im Team und mit den Kindern)

- Das grobe *Projektziel klären* (z. B.: Die Kinder haben nach Abschluss des Projekts ihre Kenntnisse über den Lebensraum Wiese erweitert)

- Die *räumlichen, zeitlichen, personellen* und ggf. *finanziellen Ressourcen klären* (z. B.: Können wir einen Raum als Projektraum nutzen? Wie lange soll das Projekt dauern? Wer kümmert sich um die Durchführung des Projekts? Haben wir Menschen in der Nachbarschaft oder unter den Eltern, die ihre Kompetenzen einbringen können? Wieviel Geld steht uns etwa für Exkursionen und ein Abschlussfest zur Verfügung?)

- Die *Projektschritte planen* (z. B.: Was könnte wann, wie und mit welchen Mitteln geschehen? Welche Vorbereitung der Umgebung ist geeignet, damit die Kinder selbsttätig agieren können?)

- Die *Aufgaben verteilen* (z. B.: Welche Inhalte haben die Aktivitäten? Wann finden sie statt? Wer erledigt bis zu welchem Zeitpunkt welche Arbeiten? Es bietet sich an, alles auf einem Plan festzuhalten, sodass ein Gesamtüberblick über das Projekt und über die Verantwortlichkeiten entsteht.)

- *Durchführung* (trotz aller Planung – Projekte müssen in ihrer Durchführung immer flexibel bleiben. Im Verlauf des Projektes werden die einzelnen Stationen immer wieder angepasst und auf die Bedürfnisse der Kinder abgestimmt; das heißt, die Kinder immer wieder zu beobachten, um ihre Interessen und Fragen wahrzunehmen und ihre Lernwege zu begleiten.)

- *Abschluss* (z. B. Dokumentation des Projektverlaufs mittels Ausstellung der Fotos, Erzeugnissen der Kinder, Collagen, Videos; Einträge in die Portfolios der Kinder; Feste, Ausflüge, Eltern-Kind-Aktionen, Familiennachmittage; Auswertung des Projekts).

Elternkooperation und Projektarbeit

Die Projektarbeit bietet viele Ansatzpunkte für eine lebendige und partnerschaftliche Zusammenarbeit mit Eltern. Bei der Organisation dieser Zusammenarbeit greifen die „Klassiker" der Elternkooperation besonders gut:

- *Elternabende* zur Vorstellung der Projektidee, als Einladung zur Planung und Mitarbeit. Gerade größere Projekte bieten eine gute Gelegenheit, interessierte Eltern einzubeziehen, z. B. wenn es um die Anlage eines naturnahen Außengeländes geht, um die Umgestaltung von Spielbereichen oder um Aktivitäten mit den Kindern, die Spezialwissen erfordern wie etwa ein Entspannungs- und Massageprojekt.

- *Aushänge* und *Elternbriefe*, die über den Stand des Projekts informieren oder die Eltern aktiv einbeziehen, z. B. mit der Bitte um die Organisation/Spende von Objekten/Materialien oder als Begleitung bei einer Exkursion, aber vor allem auch als Experten zu bestimmten Projektthemen.

- Die *Dokumentation des Projektverlaufs* in der Eingangshalle der Einrichtung macht die Arbeit transparent und bietet auch Eltern, die sich eher im Hintergrund halten, die Möglichkeit zu sehen, was ihr Kind in der Einrichtung erlebt. Sind Eltern bei einem Projekt auf dem Laufenden, so regt dies auch das Gespräch mit den Kindern über das Projekt zu Hause an. Dies wirkt sich wiederum positiv auf das Projekt selbst aus, weil neue Impulse hinzukommen können und die Kinder motiviert bleiben.

- *Tür- und Angelgespräche* sind das Mittel der Wahl, um einen vertrauensvollen Kontakt aufzubauen, um Eltern auf dem Laufenden zu halten oder persönlich anzusprechen, etwa wenn es darum geht, Kompetenzen der Eltern einzubeziehen oder direkte Bitten zu äußern. Hier ist es von Vorteil, wenn die Erzieherin über Berufe, Hobbys und besondere Fähigkeiten von Eltern informiert ist – oder sie nutzt Tür- und Angelgespräche dafür, genau darüber mehr zu erfahren.

- *Eltern-Kind-Einheiten* etwa bei einem Kunst- oder Werkprojekt ermöglichen gemeinsame Erfahrungen und regen die Beschäftigung mit dem Thema auch zu Hause an.

Eltern in die Projektarbeit einzubeziehen und Beteiligungsmöglichkeiten zu schaffen, ist sicherlich eine Bereicherung für alle Beteiligten. Es entsteht ein Raum des vertrausvollen gegenseitigen Voneinander-Lernens, in dem sich Kinder, Eltern und Erzieherinnen in neuen Rollen erleben können.

Bildnachweise

Illustrationen und Fotos Innenseiten

© Lutz Jahre: 11

© Karin Scholz: 7, 8, 9, 10, 14, 16

Bildagentur fotolia.com: S. 10: © Uwe Bumann, S. 12: © kk-artworks, S. 18: © ChantalS, S. 20: © Felix Vogel, S. 22: © fothoss, S. 23: © debert, S. 24: © alpgiraykelem

S. 6: © Circus Roncalli, www.roncalli.de

www.zeno.org: 26, 27, 32

Es wurde alles unternommen, um die Rechteinhaber der verwendeten Abbildungen zu ermitteln. Sollten Rechte unerwähnt geblieben sein, so bitten wir die Inhaber, sich zu melden, damit Fehler in weiteren Auflagen korrigiert werden können.

Autorenangaben

Maria Weininger arbeitete nach ihrer Ausbildung zur Erzieherin fünfzehn Jahre in den Bereichen Frühpädagogik, Sonderpädagogik, Jugendarbeit und Behindertenarbeit. Seit dem Abschluss des Magisterstudiengangs Bildungswissenschaft (Schwerpunkt Medienwissenschaft) ist sie freiberuflich als Bildungsreferentin, Autorin und Journalistin tätig.

Albrecht Nolting (Texte S. 24 f.) ist Musik- und Medienpädagoge sowie Medienwissenschaftler und arbeitet als Lehrer an einer Grundschule. Sowohl in seiner praktischen Arbeit als auch in seinen Publikationen ist ihm die ästhetische Erziehung mit den Aspekten Musik, Kunst und Medien ein besonderes Anliegen.

Karin Scholz (Texte S. 27 f.) studierte Grafik, Malerei und Kunst in Nürtingen, Karlsruhe und Kassel. Heute arbeitet sie als freie Malerin, Grafikerin und Autorin, leitet Workshops und Kurse zum Thema Kunst und Kunstgeschichte in Theorie und Praxis für Erwachsene und Kinder.

Hinweis

Die Durchführung der in diesem Buch dargestellten Experimente, Verfahren und Aktivitäten unterliegt der Verantwortung der durchführenden Person. Der Verlag kann keine Haftung für entstandene Schäden gleich welcher Art übernehmen, die aus der Durchführung resultieren. Ebenso wenig wird vom Verlag eine Garantie für das Gelingen der Durchführung gegeben.

Auflösung von S. 27